U0598842

978 7010206523

历史倒影中的
塔吉克民族

（一）从雅利安人到萨曼王朝

【塔】埃莫马利·拉赫蒙/著

李英男　刘　铮/译　　穆志龙/校

人民出版社

序　言

敬爱的读者：

你们正要打开的书介绍了塔吉克人民的国家历史和文化发展史。这本书是第一次用汉语发表,这是中国和塔吉克斯坦建交以来蓬勃发展的双边关系中的一件大事。

当代人目睹了1991年9月9日塔吉克斯坦共和国作为一个独立国家在世界政治版图上的出现。其实,塔吉克是中亚最古老的民族之一,其精神文化遗产已有几千年的悠久历史,塔吉克国家如同参天大树,植根于遥远的历史年代。中塔关系始于古代,当时已涵盖了宗教、科学、艺术等各个精神领域的交流。伟大的丝绸之路又进一步大大推动了两国间的商贸关系,促使我们两国的民族文化相呼应,在交流中不断丰富自己的内涵。曾经统治塔吉克的两个古代国家粟特和巴克特里亚的萨曼王朝经常派遣使节来华,以加强政治、经济、商贸和文化关系。

今天,山水相连的塔吉克斯坦共和国和中华人民共和国正着手建立面向21世纪的睦邻友好关系。我国人民把中国视作可靠的朋友和重要的伙伴。中国的现代化和国家繁荣是符合我国利益的。2007年1月在北京签订的《塔中睦邻友好合作条约》为两国长期合作开辟了新的前景。我们两国以丰富的历史经验为鉴,共同应对今日的挑战和威胁,携手加强两国人民的友谊,为共同解决长远的民族任务而创造条件。

在这种背景下,我希望广大中国读者通过接触塔吉克人民的历史,不仅能更好地了解塔吉克斯坦这一西部邻国,而且要立志对塔中关系的美好未来做出自己的贡献。

敬爱的读者,祝愿你们身体健康,心想事成。

塔吉克斯坦共和国总统　埃莫马利·拉赫蒙

目 录

前 言 1

第一章 历史的教训与独立的考验 1

第二章 伟大的丝绸之路——连接过去、现在与未来的桥梁 13

第三章 永恒的巴克特里亚精神和生气勃勃的瓦赫什河 23

第四章 祖先第一部百科全书 38

第五章 琐罗亚斯德的故乡和先知的降临 60

第六章 "男子汉"的翅膀,坚不可摧的国家支柱 81

第七章 巴克特里亚和粟特——第一个塔吉克王国的摇篮 100

第八章 嘉穆舍德的王座以及三段历史时期的解密 145

后 记 157

附 录 历史长河中的塔吉克人 158

塔吉克民族的今昔 172

塔吉克人的黄金时代 185

前　言

我们来自哪里,应该向何处寻根? 谁是我们的祖先,他们的故土和家乡的情况如何?

塔吉克民族文化史和国家的起源属于哪个时期? 我国民族对雅利安人共同文明的产生和发展做出了什么贡献? 我们的语言、习俗和历史文化遗产是属于原创,还是引进自他国?

今日,当我国人民已获得独立和自我意识,这些问题和数十个其他问题被赋予新的特殊含义。每一个思想活跃、真心爱国的塔吉克人,都在对这些问题进行思考,把祖国历史纳入自己的精神世界。

我国人民会永远缅怀巴巴疆·加富罗夫院士,他所撰写的《塔吉克人》专著已成为我国民族的名片,为我国人民提升民族自觉性、强化历史思维做出了巨大贡献。加富罗夫作为伟大学者将自己的学术眼光投向历史长河,长期以来一点一滴地搜集塔吉克民族精神文化遗产,努力恢复历史真相,并予以系统阐述,向全世界证明,塔吉克人是摩瓦鲁纳赫和呼罗珊地区最古老的先民。

《塔吉克人》一书,犹如熊熊燃烧的火炬照亮了鲜为人知的塔吉克民族的历史发展阶段,大大地推动了塔吉克民族的自我意识,鼓舞了人们的爱国精神。那些时代,官方宣传竭力树立虚假的"国际主义"思想,并用强硬手段阻挡民族自我意识的任何体现。而身为加盟共和国主要领导人的巴巴疆·加富罗夫却敢于发表这本书,把本民族历史之路和历史命运确立为研究和思考对象,应该说这是真正的英勇之举。

我们回顾历史不是为了欣赏过去,而是为了唤起祖先的创造精神,纪念在我国历史上不断探索新的道路的先辈和他们的辉煌业绩。经常回忆本国人民的英雄历史,珍惜先辈的文化遗产,缅怀本民族的伟大儿女,这毫无疑问是民族自我意识的主要源泉之一。民族自我意识和国家独立好比是一所学校,有诸多主客观因素,还有一位严师,其名字就是历史。历史以直观的方式给我们上课,不仅展示过去的场景,也帮助我们理解今天、把握明天。历史又像一位公正的法官给我们指出塔吉克国家史上的功绩和错误。

我在各种场合多次强调,将萨曼王朝视作塔吉克国家始祖的观点是错误的。早在萨曼王朝出现之前,塔吉克族已先后建立了若干国家,被公认是在中亚创立文明史的最古老的民族。

塔吉克人建国远在几千年前。对此,许多古老的神话传说均有描述。原始社会时期,文化已开始萌芽,产生了丰富多彩的传说故事,记载了俾什达迪王朝的盛况。古希腊、犹太国、古埃及和古巴比伦的早期历史主要靠神话与传说得以再现,所以我们也完全可以肯定,俾什达迪王朝时期是塔吉克族及其他伊朗语民族的国家起源。

下一个伟大王朝,即凯扬王朝已走出神话范畴、进入历史层面,其中值得纪念的是古什托斯普执政时期和先知琐罗亚斯德的诞生。现在,全世界学界都肯定琐罗亚斯德学说和圣书《阿维斯陀》的伟大意义,因为有了琐罗亚斯德和《阿维斯陀》,强大的凯扬王朝及其"千城之国"巴克特里亚在历史上永放光芒。塔吉克民族是凯扬王朝的传人,我们怎么能够忘记自己的祖先?正是凯扬王朝时期建立了巴克特里亚和粟特两个古国,开辟了商道,建造了商城。

贵霜王朝也为古代塔吉克写出了辉煌的篇章,但至今对这一时期的研究实属不多。

因序言篇幅有限,不能一一介绍塔吉克历史上历代王朝的兴衰。我只想提到,阿拉伯人入侵后,在摩瓦鲁纳赫和呼罗珊地区先后建立的塔希里德和萨法里德两个强国完全可以与后期萨曼王朝相比。然而,只有萨曼王朝在整整一个世纪之内保障了国家集权,促进了国家的发展昌盛和文化繁荣,恢复了民族文化及民族价值,是塔吉克国家得以确立、民族走向统一的重要因素。正是萨曼王朝为富有创造力的塔吉克人民再次提供了文化传播的条件。萨曼时期是塔吉克民族最终形成、塔吉克国家达到鼎盛的时期。

我国即将庆祝萨曼王朝建国 1100 周年,自然需要深入思考,进一步认识我国人民所走过的历史道路。我本人一直关注塔吉克国家的形成和发展问题,因此下决心再次翻阅民族史册,用今日之镜反照古代,再现祖辈强化国家政权、勇敢保卫独立的斗争。我清楚地知道,进入历史深层、打开神秘的历史宝藏是极为不易的。我要祈求我国儿女的伟大精神,祈求永垂不朽的伊斯玛仪乐·索莫尼来保佑,也期望我们自幼所敬重的智慧老人为我祝福。

我想真诚告诉读者:撰写本书,没有详细分析我国民族历史的奢望,只是想在萨曼王朝建国 1100 周年之际,与读者分享一

些想法。作者的着眼点在于进一步巩固发展民族自我意识和新兴塔吉克国家的独立。最后,我还想表达一个祝愿:

"但愿主保佑塔吉克人和其他民族避免最沉痛的悲剧——那就是失去祖国、沦为亡国奴"。

第一章　历史的教训与独立的考验

历史名副其实地被称为人类的记忆。那些对于民族的命运、历史及祖先的传统没有清晰认识的人，那些没有能力给予祖国优秀儿女以正确评价的人，很难成为真正的公民，也不可能拥有完整的人格。一个忘了根的人，是没有历史记忆的，他没有为本民族的英雄历史和灿烂文化而感到骄傲的能力。这样的人，最终将会变为一种毫无责任感、自私自利、奴性十足、奴颜婢膝于一切外来物种的类生物。这样的悲剧不可避免地将以自我否定、自卑自弃以及丧失自我面目而收场。

如果我们能够系统地了解我们民族跌宕起伏的发展历程，并且有能力从祖辈的失误中吸取教训，那么当年强加于塔吉克民族的血雨腥风的内战完全有可能不致发展成如此大规模的悲剧。我们需要了解历史，不仅仅为了懂得过去，历史像指南针一样，可以帮助一个民族确定未来的道路，看清在国家发展过程中所必然出现的一些新的进程及潮流。

我想再次重申，我在此并不想尝试全面展示浩瀚的历史事实，也不想以学者自居去著书立说。是公民的责任促使我拿起笔来，阐述对塔吉克民族与国家古代史和现代史的看法。毋庸置疑，对本民族光辉业绩与英雄历史的认识，对祖先的精神与文化遗产的保护与发扬，是民族自觉性的主要源泉。

历史经验告诉我们，任何国家和民族，如果不融入全人类的共同文明中,就不可能千年如一日地保护和发展自己的文化。在数千年的历史进程中,塔吉克民族在不止一次地英勇抵抗外来侵略者的同时,也能够将外来文化与本民族的不朽文化成果融为一体,使民族发展提升到全新的高度。塔吉克民族的伟大之处正在于此。

在思考塔吉克民族历史命运的同时,我不由得联想到另外两个古老民族——亚美尼亚族和犹太族的命运。

塔吉克民族的伟大之处还在于,无论在任何统治和压迫下,塔吉克族都成功地捍卫了本族语言与文化的主导地位,有力削弱了外来的残酷打击和宗教狂热分子的偏见。假如没有哈尼夫学派及其奠基人伊玛姆·阿扎玛的灵感之言的阻挡,没有苏菲主义的神圣阐述与睿智,假如阿拉伯人的宗教没有裹上阿扎玛文化的外衣,那么伊斯兰圣战的熊熊战火很可能会不断蔓延,直到俄罗斯和中国的边疆。

在我国漫长的历史中,外来侵略者的文化影响一次又一次地占据统治地位,引发对外来事物的崇拜,使民族的价值、祖先的传统、父辈的功勋一度被遗忘,民族发展似乎走投无路。然而,历史经验证明,经过数十年乃至数百年的过程之后,历史的正义与真理每每会最终胜利。塔吉克民族自我否定、崇洋媚外的思潮总是发生在塔吉克民族将自己的历史命运与强大的帝国(如亚历山大帝国、阿拉伯帝国、蒙古帝国、帖木儿帝国等)连在一起的时候。但是,不论这一思潮来势有多么凶猛,不论民族传统受到多大的排挤,最终都会遇到民族爱国主义力量的奋起抵抗。一页页的塔吉克民族历史记载了数以百计的民族起义,每次起义都以捍卫民族价值、摆脱外来统治为崇高目标。

及至今天,当我们已经拥有了独立与自主、正致力于巩固国家主权的时候,仍旧出现了披着别样外衣的崇洋媚外倾向。塔吉克民族的历史功绩与文化价值被视为其他民族与国家的成果,这样的情况比比皆是。甚至一些名声卓著的学术界人士也受到这一思潮的影响,在纪念萨曼王朝建国1100周年的各种会议和论坛上的发言中,将塔吉克历史上这一民族意识高涨、文化发展硕果累累、民族国家鼎盛时期说成是塔吉克民族与其他一些周边民族的共同成果。

这些没有任何学术基础的言论,一方面会误导我们的青年人和未来的几代人;另一方面,也在帮助对我们怀有敌意的一些人。

诚然,我们周边的民族与同语民族具有丰富的历史、伟大的文化成果和历史建树,受到我们的尊重。但是,这并不意味着我们要抹杀塔吉克民族的文明、国家历史以及本民族的灿烂文化。对于邻国的历史与文化、我们共同的文明以及历史上的政治版图不应当作片面解释,以便迎合现实生活中维护主权、建设国家等各种进程的需要。然而,遗憾的是,在苏联解体,波罗的海、外高加索以及中亚等地区陆续成立独立国家之后,历史常常遭到不健康的修正。正如塔吉克著名学者阿克巴尔·图尔松佐德一针见血地指出:"历史被粉饰、杜撰,甚至被盗用"①。

每当涉及塔吉克民族的历史遗产、文化成果、民族起源以及塔吉克语言的根源等问题时,经常会碰到一些粗暴的歪曲和极不公正的说法。阿克巴尔·图尔松佐德还说过:"寻求历史真理的工作变成了国际市场,这个市场上不仅有买方和卖方,而且

---

① Турсунзод А. Аввал худро бояд шинохт // Чавонони Точикистон.1999,№5,29 январ.

还有中间人。"

而我们，由于没有国际中间人，所以我们的"历史商品"经常成为抢劫的对象。我们的历史遗产问题是宏观科学的一部分。东伊朗人（即塔吉克人）和西伊朗人（波斯人，即当今伊朗人）对统一的伊斯兰文化形成与发展所作出的贡献问题应该得到公正合理的评价。

在纪念萨曼王朝建国 1100 周年之际，这个学术问题的意义变得更为突出。这个问题不仅涉及如何正确评价个别民族，首先是塔吉克民族，对雅利安人的物质和精神文化遗产的贡献，也涉及更加宏观的层面。遗憾的是，不少伊朗及其他国家的历史学家将伊斯兰教传入前的瓦洛鲁德和呼罗珊地区描绘为大伊朗境内的落后省份，并将这些地区在伊斯兰教传入之后的文化发展归因于西伊朗的影响。在他们看来，我们地区文明的种子是由现在伊朗境内的古代居民播撒的。需要指出的是，这种错误的观点并非新民族主义分子的臆想。B.B.巴尔托尔德早就说过："将西伊朗（波斯）文化与东伊朗（瓦洛鲁德和呼罗珊）文化对立起来，成为 19 世纪欧洲东方学的一种官方的方法论。这种观点当时广为流传，其原因是历史资料的缺乏，而不是学术上的近视或者意识形态的压力"[1]。

当今，邻近国家尤其是突厥语国家的进步知识分子看到国家独立、民族意识高涨而备受鼓舞，经常将眼光投向本民族的文明和历史进程。当然，这种趋势本身是应该受到尊重的，然而，我们必须指出，在这种情况下也经常会出现歪曲历史、扩大本民

---

① Турсунзод А. Аввал худро бояд шинохт // Ҷавонони Тоҷикистон.1999, №5, 29 январ.

萨曼王朝时期的陶制器皿

族成果的倾向。

我们没有任何民族主义、沙文主义、大国主义的倾向,对同语兄弟民族和邻国的民族价值、历史遗产与文化成果绝不会以贪婪的眼光去看待,也绝不会给予任何歪曲的评价。我们希望每一个民族的历史贡献都能得到肯定,历史的公正才是我们追求的目标。

我们只是希望更加深入地研究自己民族与国家的历史,使自己的独立民族国家摆脱停滞不前的状况,砸碎盲目模仿外来文化的枷锁。我们要团结在伟大祖辈的旗帜下,巩固与捍卫国家独立、领土完整和民族统一,建设名副其实的法治、民主、世俗国家。

独立的塔吉克斯坦承认和尊重国际法,坚持不干涉别国内政的方针;无论其他国家选择什么样的体制和发展道路,塔吉克斯坦都要积极发展与它们的合作共赢的关系。与此同时,塔吉克斯坦在国际舞台上要坚决维护本国利益、文化成果和民族历史遗产。我们不希望任何发达国家、友好的世俗国家或敌对的国家将其发展道路、意识形态、文化方针等强加给我们的民族和国家。

世界文明的发展历史告诉我们,自我意识与民族自尊是任何有自尊心的民族凝聚力的牢固基础。不尊重本民族语言、历史、文学、传统风俗、文化价值的民族很难长期保持独立自主。

忘却历史、不尊重本民族的光辉过去和宝贵传统,坚持狭隘的历史观,不善于保护丰富的文化遗产,使人们无法尽到对现在和未来的义务。一个民族,如果不珍惜自己的历史和民族特性,必将走向悲剧,其国家的基础会遭到破坏,民族独立会丧失殆尽。

这样的例证实在很多。可以回想一下塔吉克民族在爆发战乱前夕的悲惨命运。人类历史上,没有比同室操戈更加让人感到痛楚的事情了。当年,国内国外的敌对势力把我们的民族拖进了血腥的旋涡,在和平相处的民族和不同地区的人民之间播下了仇恨与分裂的种子。正是因为民族与国家的历史被遗忘,民族自尊与爱国主义信念还不够充分,民族独立的成果和教训遭到忽视,塔吉克民族的敌人才得以通过金钱与空头支票的诱惑,利用狭隘的宗教宣传,在涉世不深、容易冲动的青年人当中燃起了仇恨的火焰,使他们铤而走险,陷入了盲目的自相残杀,危及国家与民族的存在。

这场毫无意义的战争没有给我们带来任何正面的东西,只有无数的难民、相互指责和人民的伤亡。道路和桥梁被毁,房屋被焚烧,人民的财产被洗劫,国家面临大饥荒的危险。成千上万的青年人丧失了生命,许许多多的人失去了家园,大批的孩子成为孤儿。

当我们的邻国已着手建设铁路、公路、石油管道,开采矿藏,解决社会经济发展的各种问题的时候,塔吉克斯坦境内的对峙、紧张的局面仍在继续,各种惨案不断发生,枪声和爆炸声使平民百姓的生活充满了恐怖。

内战造成了我国严重的政治、经济、道德危机,其后果不堪设想,国家处于极大的危险之中。

面对民族分裂、国家消亡,甚至从世界政治版图消失的危险,塔吉克斯坦政府毅然放弃了以对峙与暴力作为安定社会的手段,选择了和平、和睦、民族团结的道路,欢迎大批难民返回家乡,用和平的手段解决国内冲突问题。这样的民族团结与和平的方针开始执行时,既获得了支持者,也遇到了不少对立派。塔吉克斯坦政府克服了重重困难,全力以赴采取措施,走向和平与统一,以搭救本来就人口不多的塔吉克人民。

幸运的是,冗长的和平谈判最终取得成功,国家重新获得了和平与统一,众多的难民从阿富汗回到了祖国。1997 年 11 月 16 日,最后一名难民经铁尔梅兹火车站归国。民族和解委员会在努里先生的领导下开始工作。塔吉克联合反对派代表也在这一时间进入其他政府权力机构,展开工作。和平与统一的概念有了具体的阐述,深入民心,并在全国乃至最为偏远的地区得以传播;紧张与恐惧已不复存在,换之而来的是稳定与相互理解。和平协议签订的那一天被定为国家节日。

我们的国家获得了新的发展,复兴与建设成为我们新的传统。食品与能源自主计划、经济改革、丝绸之路的复兴、铁路建设、霍扎-萨尔特斯输气管道的运营以及数十个新兴的大小企业成为我们未来成就的信使,和平、和解与民族统一赐予了它们生命。

东西方历史上都有过这样的情况,即某些国家为维护自己的政治地位或影响力,对自己的国民弃而不顾,使他们被迫背井离乡,沦为难民。

联合国有关数字表明,目前全世界共有大约五千万名难民,其中大部分为穆斯林。大约三千万名穆斯林由于内战被迫离开祖国、流亡国外,生活十分困苦。

塔吉克斯坦政府安排难民归国、构建和平与统一的新局面的经验被称为绝无仅有,成为联合国与其他国家深入研究的问题。

塔吉克民族在世界上的分布与历史上塔吉克侨民社团的形成,在我看来,本身就是一个值得现代历史学深入研究的重要课题。

不久以前,我有幸阅读塔吉克历史学家曼苏尔·波博浩诺夫的文章。文章阐述了塔吉克人离开故土、分散各地的历史,并将这一过程以阿拉伯人入侵为起点分成若干阶段。[①]

在我看来,塔吉克人的祖先离开故土、分居各地的最早时间是波斯帝国(阿契美尼德王朝)将巴克特里亚、粟特、木鹿及花剌子模地区并入版图的时期(公元前5至前4世纪)。

当塔吉克斯坦内战爆发,惊恐万状的难民穿越国境逃往阿富汗,以寻找生路的时候,我却想起了十月革命期间第一批难民

---

① Бобохонов М.Фирори тоҷикон:сабаб ва оқибати он.Минбари халқ,№ 1,1 январ.

花园厅

逃亡的故事和红军——年轻苏维埃政权卫兵的到来。这两个史实的对比使我感到诧异,我不由得自问,塔吉克人的历次逃难是否是偶然的,抑或有一定的历史基础。

为了给这个意外的问题找到答案、平复心痛,我再一次打开了巴巴疆·加富罗夫所写的《塔吉克人》一书。书中,有关历史上反抗哈哈玛尼德人的佛拉蒂起义引起了我的注意。据贝希斯敦铭文记载,大流士一世为了夺取伊朗王位发动了旷日持久的战争。公元前522年,在镇压此次起义的过程中,共伤亡5.5万人,俘虏7000人。佛拉蒂作为起义领袖被处以剥皮刑。肥沃的土地成为废墟。随后不久,大流士一世在位的第三年(前519—前518)又发动了侵略我祖先国土的战争,经过流血战役,最终将其占领。

斯基泰人不惧牺牲抵抗大流士一世侵略,谢拉克的功绩就是卓越证明。当大流士一世的大军入侵斯基泰人领土的时候,羊倌谢拉克来到大流士一世的营帐。羊倌的脸被毁容,鼻子和耳朵被割掉了。谢拉克说,这是他的同族人对他下了毒手,为了报仇,他乐意为大流士一世的军队带路,绕道斯基泰人的后方。谢拉克引领敌军徘徊了整整一个星期,最后将他们引到一个荒无人烟的沙漠,使敌军全军覆灭。

反对侵略者的英勇抵抗、起义与暴动,不由得使人想到,祖先的迁移是在粟特、巴克特里亚、木鹿及花刺子模遭受波斯入侵的时候开始的。

在亚历山大大帝时期,祖先向印度和中国迁移,人数不断增多。这一过程的规律尚有待学者们予以科学阐述。在此,我仅仅想补充一句:塔吉克斯坦国家历史是每一个塔吉克人及塔吉克斯坦公民不可遗忘的一课。

正是因为有了这些历史教训,我们才得以保护多难的塔吉克民族走向和平与和解,安排大批难民重返家园,促使塔吉克联合反对派重新回到国家机构。智慧的胜利,公正对待历史教训,让我国避免了分裂,也让我们选择了唯一正确的发展道路。

我记得很清楚,在塔吉克斯坦内部谈判的时候,我主张以民族最高利益为目标,互谅互让,但许多缺乏远见的同仁反对这些观点,认为反对派没有资格进入国家机构,把我的行动称之为怯懦与背叛,有人甚至诬告我背着民族阵线领导,同反对派进行了幕后交易。

然而苍天可以做证,在最困难的时刻,在经受严酷考验的日子里,是我们民族的惨痛教训和历史经验为我引路,并赐予我希望和力量。

我国的独立史还有许多令人费解的内容。为什么在内战期间有那么多涉世未深的年轻人成为内外部敌人操纵的工具?这就是一个谜。虽然国内外已经出版了诸多关于塔吉克斯坦内战的书籍与学术专著,但是这些出版物的论述通常带有倾向性,或者更像是自我辩白,作者们对内战的评价相当主观,或代表某一派别的狭隘利益。

因此,探测、揭示塔吉克斯坦内战的政治、经济、社会及历史原因,尚待历史学家、政治学家的继续努力,还需要将现实与历史进行对比,参考大国地缘政治利益及其在20世纪世界舞台上的影响,从而对于不久前发生的事件做出评价。需要学会揭示塔吉克斯坦与本地区形势之间的内在联系,预测潜在的争端发生地。

我们应当珍惜来之不易的和平,也有责任剥除伪君子和人民公敌的假面具。国内外的敌人并没有死心,他们依然希望得逞,千方百计将塔吉克斯坦拉入新的对抗。他们在伺机行动、变换战术、发动新的意识形态方面的攻势,以便重新煽动分歧的火焰。因此,我们不应当失去政治警惕性,要杜绝任何分裂我国的企图。

今天,我们的社会学家、政治学家、经济学家应该摒弃过激的论调与华丽的辞藻,在学术研究的基础上确定经济、生产的战略发展方向,并基于现代信息管理体系提出具有现实意义的、具体的解决方案。

在20世纪末和新的千年来临之际,历史给我们刚刚获得独立的国家提出了新的严峻挑战。如果我们不能正确面对这些挑战,那么就不可能在国际社会中占有应有的地位,而且极易成为强国大国手中的玩偶。

21世纪科技与文化的发展要求付出更多的努力来进行创造性的探索,更有效地利用现有的科技成果。新世纪将为塔吉克斯坦人民带来新的考验和新的成果。民主的世俗的塔吉克斯坦共和国将进入世界先进国家行列,我国的科技、文化和国家发展必将进入繁荣时期。

我们拥有所有资源与潜力来保证未来的成长与发展,包括稳定的物质基础、创造性的经验、众多的智力人才、丰富的矿藏及无尽的水资源。而我们最大的财富是经历了无数困苦、勤劳智慧、毅力坚强的我国人民。我国能否发挥潜力、与国际先进水平接轨,首先取决于人民以及成长中的新一代。

现在,向全世界表明我们是文明民族,塔吉克斯坦有资格进入世界先进国家之列的时候已经到来了。我们需要珍惜和保卫我国的独立,我们神圣的国徽、国旗、国歌,并应当以此为豪。

但仅仅获得独立是不够的,我们还应当善于捍卫和巩固独立——这是国家最大的财富。独立代表了爱国者的尊严和荣誉,使他们为自己的国家和民族而感到自豪,代表了每一个公民的自觉性和自我肯定的意愿。独立是关键中的关键,是我们房屋中的明灯、我们的骄傲,是和平的生活和国家的富足的保障。

塔吉克人拥有举世瞩目的文明历史,我们自然有义务保护并发扬民族价值,珍爱我国悠久的历史、科技、文学与艺术,加强民族自尊心,并以此去教育我们的子孙后代。

第二章 伟大的丝绸之路——连接过去、现在与未来的桥梁

城市已悄然睡去。我结束了一天的工作之后，又开始继续阅读巴巴疆·加富罗夫的《塔吉克人》。我仿佛听到了数千年历史的回音，进入到静谧、悠长的历史迷宫，努力寻找众多问题的答案。面前的桌子上摆着一摞纪念萨曼王朝建国 1100 周年的书籍。像这一类讲述塔吉克国家古代和近代历史的书籍，我收集了很多。

在我的办公室里悬挂着一幅库里亚布—卡拉伊·胡姆布—霍罗格—阔勒买交通图。这条道路经常被称之为"生命线"，我认为是非常有道理的。

经过数个世纪的沉寂之后，伟大的丝绸之路又开始焕发青春。这一复兴，对于我们年轻的国家来说，是来之不易的，尤其是只有八公里长的达施齐珠路段的建设遇到了极大的困难。然而，我们没有别的选择，我们必须完成这条道路的建设，必须复兴曾一度被淡忘的伟大的丝绸之路，巩固国家独立。

我们通向和平、独立与国家建设的道路经常让我想起开创丝绸之路的历程。数千年来，塔吉克人与其他民族一样，为了自由和独立进行了时明时暗的斗争，证明通往国家独立的康庄大道是不存在的。在这条道路上需要付出很大很大的牺牲，一切都是为了自由火炬永不熄灭，为了阻挡敌人的进犯、保卫祖先的

疆土,为了保护连接一代又一代人的纽带,保存民族成果和文化瑰宝。

对于世界的认知与商道的开创始于人类社会发展的最初阶段。没有人能够说出铺有路面的道路究竟在何时出现。然而,东西方任何文明的发展都是与开拓道路联系在一起的,这是毫无疑问的。文明如同河流一样,总是在向远方发展,总是寻找新的传播途径,跨越不同国家的边境。

历史学之父希罗多德在描述古埃及雄伟的金字塔的时候,曾经提到建设胡夫金字塔时铺路的过程。通往金字塔的道路毋庸置疑成为这一伟大奇迹的基础。据希罗多德讲述:全埃及的劳动力都被征用建造胡夫金字塔,一部分人在尼罗河上运输石材,劳务非常繁重。每个工地上都有 10 万人日日夜夜不停地劳作,3 个月为一期,期满后换人。

开辟运输石材的道路花了整整 10 年。这条道路长为 10 个斯塔蒂昂(古希腊长度单位),宽度为 8 丈(古埃及丈),路沿用石头砌成。道路和地下设施的修建花去了 10 年时间,建造金字塔用去了 20 年。①

就这样,大约在五千年前,古埃及建造了让世人惊叹、无与伦比的宏伟建筑,它们不惧风雨,几乎完整无损地保留到今天。试想,如果没有运输施工材料的宽阔道路,那么胡夫金字塔的建造肯定就无法完成。

据古史记载,重达 2.5 吨以上的巨型石材的打磨和表面加工也是在运输过程中分段进行的。人们先把坚硬的木楔子钉入

---

① 参看希罗多德著《历史》,东方古代史读本,莫斯科,1963 年版,第 13—14 页。

石块,不停地浇水,等到木楔子因浸水而膨胀,石块出现裂缝后,继而用铜质工具进行切削。随后,将切削好的石材沿着铺满了碎石的道路运往工地,在运输过程中石材表面由于碎石的摩擦会变得平整、光滑。到目前为止,学者们仍旧无法回答,这些巨型石材是如何吊装、堆筑的,然而,有一点可以肯定,那就是如果没有预先铺设好的道路,那么这一工程是不可能完成的。

这一令人惊叹的例子再一次证明,自古以来,道路在文明史和国家发展史上所起的重要作用。条条道路将不同地区连接在一起,促进了商业的发展。

伟大的丝绸之路是世界上最早的商道之一,在古代和中世纪,将我们祖先的国土同中国、印度、古埃及、巴比伦、波斯和拜占庭连接起来,迎送无数商队奔向世界的四面八方。巴克特里亚和粟特就位于丝绸之路交叉口。

早在文明和国家形成初期,巴克特里亚和粟特已是各国经济文化利益交叉之地,也是不同民族文化价值相互交融之地,经常发生各种战事。我们的祖先,在任何时候都保留着自己的民族特点、道德和文化价值。巴克特里亚和粟特商队响亮的马铃响彻在巴达赫尚山区至哈萨克的广袤的草原上,传到里海海岸,直到波斯、中国、印度和克什米尔高原。丝绸之路沿途出现了许多繁荣的城市,热闹的驿站、集市和手工业者的居住区。

让丝绸之路名扬天下的是飞驰的巴克特里亚骏马和耐劳的双峰驼。我认为在当时,巴克特里亚骏马和双峰驼的功绩可以同中国的丝绸相媲美。中国丝绸能够在东西方广为传播,也是因为有了巴克特里亚和粟特的商人和他们的骏马和骆驼。巴克特里亚、粟特、波斯、希腊、古埃及的贵族和官宦非常喜爱用丝绸缝制的衣服,纯种的巴克特里亚骏马同样在世界各个角落供不应求。丝绸的故乡是中国,而那些在丝绸之路上发挥无可替代的作用、强壮、有耐力的骏马来自巴克特里亚和粟特——即古塔吉克人的国土。在古代,细软的丝绸及丝绸制品在国际市场上的价格只能以黄金来衡量,丝绸的制作工艺被当作国家机密,凡是窥探、泄露其秘密的人,都被处以极刑。纵然如此,随着时间的流逝,这个秘密也最终被公开了。其经过是这样的:一个中国公主嫁给居住在胡塔伦和粟特一带的斯基泰王子,把蚕茧和桑树种子悄悄地带出国境。同时,中国人也学会培育托哈尔骏马(巴克特里亚骏马的一种),并开始种植骏马的主要常绿饲料——苜蓿。

有人可能提出疑问:20世纪末,通往中国边境的巴达赫尚公路建设进行得如此艰难,那么在2500—3000年前,丝绸之路怎么能够存在? 这个问题需要由事实作答。我只想列举一个例证,即大流士宫殿遗址发现的古碑,上面有古伊朗语、伊罗姆语、巴比伦语三个语种镌刻的铭文,被称作《舒舍宫铭》。该宫殿的建造始于公元前520年,独具特色的建筑材料是由中亚运到工地的。铭文称:由巴克特里亚运来了黄金、由粟特运来了红蓝宝石、由花剌子模运来了玉石、由印度运来了象牙。古铭文中被称之为"卡萨卡·卡帕乌塔卡"的宝石,是粟特商人从巴达赫尚运输过来的。当时以印度为起点的古商道恰好经过巴达赫尚——巴克特里亚领土的一部分。因此可以推断,从印度运来的象牙正是经过这条古商道运送到大流士宫殿的建筑工地上。

学术资料表明,巴达赫尚的宝石交易始于更早时期,也就是4500—5000年前。在发掘舒伯特公主(公元前30世纪)墓的时候,发现了用巴达赫尚出产的宝石所制成的首饰。在印度摩亨佐·达罗古迹中也找到了大约五千年前的巴达赫尚宝石制品。

写于一千多年前的《世界疆域》一书,提供了有关中亚历史、地理的宝贵资料,书中写道:当时尼沙普尔、尼索、图斯、哈利、胡齐斯坦、伯德吉斯、萨拉哈斯、木鹿、塔里侃、巴拉赫、萨曼干、安达洛、喀布尔、布斯特、巴达赫尚等城市都隶属于呼罗珊。

既然我们的目的是寻找关于巴克特里亚(后被称为摩瓦鲁纳赫和呼罗珊)古商道和古城的信息,那就无须引述所有的历史细节,而将注意力集中在巴达赫尚的有关资料上。书中称:"巴达赫尚是富饶之地,商业发达,矿产丰富,其中包括黄金。药用植物由中国西藏运往此地"。①

在描述摩瓦鲁纳赫时,不乏一些有趣的段落:"中国西藏是一个居住区,由峡谷同山脉连接。那里居住着穆斯林……经过这个地区的道路直达瓦罕……桑格利芝位于山脚下,山中红宝石矿藏丰富……那里距中国西藏有一天半的路程。

在安达洛城中居住着中国西藏人和印度人,那里距克什米尔有两天的路程。在鲁呼德和穆罗彤之间的建筑全都是驿站"。②

这些文字说明,一千多年以前,巴达赫尚就已经是商业重镇,盛产黄金、红宝石和玉石。条条商道将巴达赫尚和中国西藏、印度及克什米尔地区连接在一起。中国和印度的商人将大批物资运到巴达赫尚、瓦罕、舒格南及其他摩瓦鲁纳赫和呼罗珊的偏远地区。《世界疆域》中写道,由中国运来的货物主要有细布料、纺织品及刀具。从印度运往巴达赫尚的货物主要有各种药品、化妆品、宝石、钻石和漂亮的衣物,所有这些商品再由此转

---

① Худуд-ул-олам.Душанбе,1983,c.68.
② Худуд-ул-олам.Душанбе,1983,c.68.

运到其他地区。"所有来自印度的货物最终都发往中国西藏,从那里再转运到有穆斯林居住的城市"。①

项链(公元前 3000 至前 2750 年)

巴克特里亚人统治时期,其辽阔疆域与印度和中国接壤,商道畅通、四通八达,同亚洲各国的贸易来往极为频繁。

生活在公元前 5 至前 4 世纪的古希腊编年史作者克特西斯曾经写道:由艾菲斯经巴克特里亚至印度有一条设施良好的大篷车道,经过大城市和绿洲。道路两旁设有柱子,标出里程、方向及邻近驿站。巴克特里亚和印度的商人沿着这条道路,穿过哈哈玛尼德人的国家,将自己的商品运送到小亚细亚和古埃及。虽然克特西斯的书籍几乎全部失传,但古希腊的狄奥多、普林尼、色诺芬、普鲁塔克、弗迪厄斯等史学家经常引用他的著作。在众多的

---

① Худуд-ул-олам.Душанбе,1983,с.51.

古希腊编年史著作中,可以找到关于巴克特里亚的发达城市、巴里黑坚固的堡垒和军事机构、巴克特里亚国王奥克西阿尔塔抵抗侵略者、居鲁士大帝统一巴克特里亚周边领土等历史情况的描写。

历史学家和考古学家在缺少部分论据的情况下,还是认为,当时穿过巴达赫尚的商道是存在的,并且是丝绸之路的重要组成部分。在《塔吉克苏维埃百科全书》中有如下段落:"道路数量的增长同不断增长的文化交流有直接关系。比如,在近东和中亚地区可以找到在公元前 4000 年左右将巴达赫尚红宝石运往西亚的道路遗迹"。[①]

根据公元 9 至 10 世纪地理学家伊斯塔赫理和伊布·鲁斯托的记述,胡塔伦及其他摩瓦鲁纳赫和呼罗珊地区产有黄金、白银、宝石等珍贵矿藏。地质考古勘察探明,在巴达赫尚山区有超过八十种矿藏,运输这些矿藏的古道的存在也因此得到了证实。否则,巴达赫尚及巴克特里亚的红宝石、玉石、水晶、珍珠也就不可能在遥远的巴比伦、古埃及、波斯、拜占庭、中国和印度等国享有如此盛誉。

从公元 9 世纪的历史学家雅库毕的著作《基吐布·乌尔·布顿》中,我们可以了解到,在当时舒格南和巴达赫尚都隶属于巴里黑。由此说明,巴达赫尚人民的命运至今同巴克特里亚、巴里黑及以后的塔赫里斯坦紧密联系在一起。

需要指出的是,在中国古代历史学家和探险家,如:宋勇、玄奘、霍澈、武功等人的笔下,也有关于隶属塔赫里斯坦(古巴克特里亚)的巴达赫尚的描写。他们详细地描绘了巴达赫尚大大小小的城市、道路,并对巴克特里亚耐劳的骆驼和善跑的骏马赞叹不已。

----

① Энсиклопедияи советии точик.Душанбе,1986.Ч.6.,с.408.

塔吉克斯坦纪念性绘画局部(公元 7—8 世纪)

　　当然,我们还必须提到公元 13 世纪末到访巴达赫尚的著名的威尼斯人——马可·波罗(1254—1324)。这位不知疲倦的探险家在旅途中整整度过了二十年时光,先是乘船到达小亚细亚,随后,穿越亚美尼亚、两河流域、伊朗、兴都库什山等地来到了巴达赫尚。在《马可·波罗游记》一书中,列举了不少关于古时东方各国人民经济、社会、文化等多方面的有趣资料,其中包括有关木鹿和巴里黑发达的种植业、著名的骏马,巴达赫尚的红宝石、珍珠、生态物种及人民的生产和生活情况。马可·波罗提到,生活在舒格南山区的居民在山中挖掘坑道,开采矿石,并为国王加工宝石。他还提到丰饶广阔的牧场和用当地长角羊的犄角制作的杯具与厨具。马可·波罗又讲到:"巴达赫尚的王公们认为他们的族谱是亚历山大大帝和大流士之女联姻后开始的"。① 这个观点正确与否,我们留给学者们去证实,但可以肯

　　① Ғоибов Г.Бадахшону Помир дар масири таърих.// Илм ва ҳаёт.
1990,№9,c.5.

定,亚历山大大帝东征时,很可能有一些部队留驻巴达赫尚。更为重要的是,当时在巴克特里亚、巴达赫尚、印度和中国之间的确有商道存在。亚历山大大帝也有可能是沿着这条商道到达印度的。

综上所述,伟大的丝绸之路不仅给我们祖先的国土送来了丰富的商品,同时也带来了其他民族的文化和精神财富。伟大的丝绸之路及其分支像血脉一样,给巴克特里亚和粟特居民带来了丰富多彩的文化与经济生活,丝绸之路沿线出现了众多的集市和驿站,各种各样的手工业也得到了蓬勃发展。在当时被认为是偏远省份的巴达赫尚,商业和手工业也得到了极大的发展,宝石等矿藏开始大规模地开发,出现了驿站、旅店、城堡、瞭望塔等军事和民用设施。

伟大的丝绸之路及其分支在数个世纪当中成为防止经济危机、提高国家声望、丰富文化价值的动力,促进了塔吉克人民的国家发展。

今天,塔吉克斯坦政治、经济、文化的独立离不开现代化的公路、铁路和其他交通设施。因此,库尔干·秋别—库里亚布宽轨铁路、库里亚布—霍罗格—阔勒买—喀喇昆仑公路及保障杜尚别和胡詹之间交通的安佐布隧道的建设具有重大的战略意义。库里亚布—霍罗格—阔勒买—喀喇昆仑公路的建设,对于塔吉克斯坦经济建设和整个中亚发展的重要意义是不可估量的。这条道路与喀喇昆仑公路相连,直达中国、巴基斯坦、印度和其他亚洲国家边境、出海口和重要港口。这条公路还将是连接欧洲与亚洲的最短路线,对塔吉克斯坦同其他国家经贸、文化交流会起到极大的推动作用。这条公路的建成也必将促进我国国民生活水平的大幅提高。

布霍洛伊风格的毯子

　　道路的建设对增强国家统一、加深相互理解有着不可估量的作用，帮助我们正确认识国家政权和独立的意义，引领我们拥有丰富矿藏、又从不久前的震荡中刚刚走出来的国家告别经济危机和货币赤字。

　　我们期望并相信，伟大的丝绸之路及其卓越的传统将会复兴，丝绸之路像桥梁一样将过去、现在和未来连接在一起，打开我国历史的新篇章。

第三章　永恒的巴克特里亚精神和生气勃勃的瓦赫什河

近七年来,我因国家事务和其他任务在身,经常外出视察塔吉克斯坦各个角落,有时也走到十分偏僻的地方,与不同年龄、不同专业的人士会面,在一起谈古论今、畅想未来。

无论去塔吉克斯坦哪一片土地,我都在努力地寻找祖先留下的脚印。我国众多的古迹,如:古胡盏得和铁木马里克城堡、伊斯塔瓦山和著名的基拉修道院、萨拉兹姆和古彭基侃、塔赫提·桑金("石头宝座")、凯库巴德沙赫、沙赫里图斯、爱瓦什、佐利·扎尔、胡尔布克及其他数十座古城、古堡、手工业作坊等遗迹,不禁让我和来自世界各国的考古学者一样,为这些无与伦比的宏伟建筑及其高超的工艺发出由衷的赞叹。

这些古迹也让我看到了外来侵略者铁蹄践踏的印记:城墙上箭孔和弹坑密布,宫殿和庙宇留下了焚烧的痕迹。此时,我常有身处沙场的感觉,仿佛听到了千军万马发出的疲倦、沉重的喘息。铿锵的刀剑、呻吟的伤员、哭嚎的妇孺——这一切场面都好像历历在目,让我想起我国人民沉重的命运而深感悲痛。

对我来说,祖国的奇山异石不仅仅是熟悉的自然景观,而是座座记录着塔吉克人沉痛经历的纪念碑。切尔都赫塔伦地区化为石壁的四十位姑娘是我们祖先英勇抵御外来侵略者的象征,当时也有不少妇女成为抗敌的盾牌。塔吉克斯坦的山川,巍峨壮丽,是世代保护我国的不可摧毁的堡垒。

祖国大大小小的河流是流动着的历史。数千年来,祖国的河流是大军入侵的见证者,包括居鲁士和大流士、亚历山大大帝的步兵和骑兵、残忍的库台巴、成吉思汗麾下残暴的游牧民,还有很多向我国领土伸出贪婪之手的其他侵略者。

鲁斯塔姆和苏赫拉巴的弑子悲剧,对于我来说不仅仅是传说和典故,它代表了我国易于轻信他人的淳朴人民的悲惨命运,代表了有着纯洁心灵的母亲为死去的儿女们痛哭流涕的悲剧。然而,这样的命运有其崇高的意义,就是不顾一切,给予我国民族以永生。

《沙赫奈美》(即《列王纪》)不仅仅是古老历史的真实记录,它让祖先的声音流传至今,在我国民族的心中永远回荡。无数个世纪以来,我国人民十分敬重《列王纪》所传达的爱国主义精神和先辈们不朽的功勋,也很看重这部著作独一无二的叙事风格。在塔吉克斯坦的各个角落,无论是巴达赫尚、雅格诺别、泽拉夫尚、哈特隆、胡盏得、伊斯特拉夫尚、吉萨尔,还是卡拉特金的乡亲们的行为当中,都可以看到这一不朽诗篇的光彩。

在泛黄的历史书籍中、在古城的遗迹上、在岁月的尘土里,我在努力寻找祖先的足迹。我想把支离破碎的线索重新连接在一起,找到公正与不公正之间的分界线,分清谎言与事实,重新思考一下历史赋予我们的课题。因为历史是最无私和最苛刻的评审员,历史的天平总会准确地称量善与恶。国家的儿女们,如果忘却了历史、丧失了记忆,便不可能正确地看待未来。

的确,塔吉克人祖先的国土可以称为历史博物馆。这座博物馆诉说着我国的兴盛与衰败、成就与沦丧,分裂与统一的故事,使人看到我国民族永不枯竭的生命力,她像凤凰一样,一而再地浴火重生,沿着命运指引的道路继续前进。

　　塔吉克民族的历史中,有众多关于庙宇、礼拜堂、城市、堡垒、宫殿与沃土被烧成灰烬、遭到遗忘的例子。如:阿姆河谷考古发现的宝藏,使诸多文物重见阳光,震惊了整个世界。

　　阿姆河谷宝藏代表了被遗忘的塔吉克古代史,给我们带来了来自几千年前的信息。阿姆河谷宝藏被发现的消息瞬间传遍了全世界,成为数百部报告和学术著作的命题。诚然,概述所有出版的报告和论文是难以做到的。但有一点显而易见,那就是来自世界各国的专家学者都叹服于古巴克特里亚能工巧匠的技艺。

　　阿姆河谷宝藏的发现成为历史学界一条令人振奋的消息,有助于揭开历史之谜。这样的消息一经传出,各国学者专家通常会做出许多推断、假设,众说纷纭。同样的情况也发生在阿姆河谷宝藏的问题上。

　　是谁在何处找到了这个宝藏,至今尚无定论。一些研究指

阿姆河谷宝藏之绘有格里芬头像的金手镯

出，阿姆河谷宝藏是1877年在阿姆河三角洲、瓦赫什河与喷赤河交汇处被当地居民发现的。这个地区位于当时隶属于布哈拉汗国的卡博颠省。

同年，有三位名叫瓦吉丁、舒库拉里和古洛穆罕默德的商人渡过卡博颠河正往印度赶路，得知有关宝藏的消息后，廉价购买了所有能够买走的文物。但是，宝藏被发现的具体地点，当地居民并没有告知外人。唯一弄清的是，宝藏是在阿姆河右岸库巴德宫殿废墟中找到的。商人们本着"急功近利"的想法，也没有去深究宝藏出土地点，只忙于向当地农民收购现有的古董。这些出土文物后来被称为阿姆河谷宝藏，并震惊了全世界。

珍贵文物不知是商人从一个人手中购买的，还是有一批人分别向他们出售，这个问题也没有确切结论。我们所知道的事实仅仅是，这些目光短浅的商人急忙把买下的金币及其他珍品装入自己的皮囊中，运往印度，希望在那里将其脱手给中间商或者文玩收藏家，获得可观的利润。

但在途中，商人们遇到来自阿富汗的游牧部族吉佐人，而惨遭洗劫，装满贵重文物的皮囊落入了强盗手中。商人们明白，靠自己的力量他们无法追回珍宝，因此便向英军校官Φ.巴顿求助。

宝藏随后的命运可以从巴顿的描述中得知。巴顿听到瓦吉丁介绍说，皮囊中除了金币、金首饰以外，还有金器皿和造型各异的塑像，包括神明和美女等物。这位英国军官得知后，不知是因为同情、好奇，还是受悬赏的驱使，开始同强盗们谈判，要求归还全部物品。

他率领士兵来到强盗藏匿赃物的山洞，逼着他们最终归还了一部分物品，但商人们似乎对这一结果并不完全满意。

阿姆河谷宝藏之布捷罗利

　　最后,巴顿威胁强盗说,如果他们拒不归还全部宝物,他们的家属将被处决。迫于压力,强盗们又归还了一部分物品。然而,还有多少阿姆河谷宝物留在了游牧部落手里,其后来的下落究竟如何,这些都成了谜团。

　　商人们送给巴顿一只黄金手镯以示感谢,之后便赶往拉瓦尔品第(今在巴基斯坦境内)的集市。几经周折后,这批代表塔吉克祖先高度文明的稀世珍宝通过印度的古董贩子到了英军少将 A.卡宁汉姆、大英博物馆工作人员 O.福林科斯和印度铁路总经理 A·格兰特手中。

　　就这样,阿姆河谷宝物由布哈拉商人从发现地瓦赫什河和喷赤河畔运到印度,先是落入印度文玩收藏家手中,尔后成为大英博物馆收藏的珍品。准确地说,大部分珍品先被 O.福林科斯买下,1896 年他又留下遗嘱将其赠予大英博物馆。

　　几经辗转,塔吉克人民的祖先所创造的独一无二的历史文物——阿姆河谷宝藏最后进入了大英博物馆。此后,唯一一次离开英国是在 1979 年,当时允许这批文物在列宁格勒的艾尔米塔什博物馆展出,以回应在伦敦举办的西伯利亚黄金展。

历史上第一个开始研究宝藏的人是收购部分珍品的军人A.卡宁汉姆,他对历史学和古钱有浓厚的兴趣,详细描述了1500多种金币、180余个镀金和纯银雕像。他推断,这批珍品是在阿契美尼德王朝、亚历山大大帝东征和巴克特里亚鼎盛时期制造的。虽然卡宁汉姆的观点引发了争论,但对研究古巴克特里亚人的历史还是起到了重要作用。

20世纪初,英国古文化研究者、艺术理论家达尔通出版了名为《阿姆河谷宝藏》的珍品大全目录。他认为,所有藏品都有共同特点,应该是在同一个地点被发掘的。但同时,达尔通也提出了一个看法,就是阿姆河谷宝藏的珍品并非中亚工匠所作,而是在波斯帝国阿契美尼德王朝时期从伊朗运到此地的。对达尔通的推断有人支持,有人反对,但最后经过著名学者 M.M.基亚科诺夫对卡勒阿伊·米尔和凯库巴德沙赫进行的考古发掘被证明是错误的。

Φ.巴顿和 A.卡宁汉姆根据布哈拉商人的描述,认为宝藏的具体地点是阿姆河畔的塔赫提·库巴德城附近,然而这种观点至今没有找到有力的佐证。

学术争论继续很久。有些学者提出,阿姆河谷宝藏的来源是亚历山大大帝征战途中在各个国家收集的宝物,不知为何丢失在阿姆河畔。他们认为,阿姆河谷宝藏中发现的金币与古希腊金币十分相似,神像和首饰的造型、颜色也和古希腊相同制品很接近。

另一些学者将神像与贝希斯敦铭文中的画像进行比较,认为宝藏应是波斯帝国阿契美尼德王朝时期的珍品。的确,贝希斯敦铭文有庙宇中向神明祭祀的场面。参加祭祀的人们手中持有果实累累的树枝。阿姆河谷宝藏中的许多金箔画上也可以看到手持长杖的男子影像,同贝希斯敦的画作有惊人的相似。

另外一些学者将带有各种蛇、兽、鸟等徽纹的金饰品确认为中亚地区斯基泰人的作品。还有一些人根据阿姆河谷宝藏中神像的造型推论,宝藏文物应归属于更晚的时期,也就是贵霜王朝时期。

需要指出的是,虽然在 19 世纪末至 20 世纪初,沙俄军官旅行家,如 Н.А.马耶夫、Н.И.波科奇罗、Д.Н.罗格菲特等人收集到很多关于塔赫提·库巴德废墟、塔赫提·商金城堡方面的信息,但是对于阿姆河谷宝藏的研究真正始于半个多世纪以后的苏联时期。在阿姆河谷宝藏发现地开始进行考古活动的首先是东方文化博物馆,1926—1927 年间在 Б.П.杰尼克领导下的考古队在铁尔梅兹附近开展发掘工作。1946 年 М.М.基亚科诺夫领导下的考古队在卡勒阿伊·米尔古城遗址上进行了深入细致的考察发掘。

在卡勒阿伊·米尔上层土发掘工作中,发现了生活在 13 至 19 世纪居民的遗迹。随后,15 世纪的生活用品,如:石磨、灶台、器皿等也被发现。还发现了建造于公元前 2 至公元 6 世纪的墙壁遗迹,中间是一个长 270 米、宽 275 米的广场。当时出土的还有古堡和各种服务性建筑遗迹。废墟中发现了波斯帝国阿契美尼德王朝和希腊-巴克特里亚时期的古币、陶器及各种石器。

其中,三枚铜箭镞是最具学术价值的出土文物。三枚箭镞中,一个呈三棱金字塔形,一个呈叶片形,最后一个是菱形。箭镞尺寸不大,带有套筒,为安装箭杆所用。这样的箭镞在公元前 7 世纪由北亚、高加索和伊朗的游牧民族斯基泰人广泛使用。初期由兽骨制作,后来转为青铜。一般认为,这样的箭镞最早是由生活在今天中亚地区,包括北塔吉克斯坦的骁勇善骑的雅利安部落开始制造的。

卡勒阿伊·米尔的发掘成果翻开了考古工作中新的一页,有力地证明了古巴克特里亚的手工业、艺术、建筑和文化都是非常发达的。然而,这些考古发现并未揭开阿姆河谷宝藏的秘密,只是再次证明,阿姆河流域曾经生活着雅利安族后裔,从事农业、手工业生产及商贸活动。在此之后又多次发现其他证据,表明在波斯帝国阿契美尼德王朝形成之前,阿姆河流域及巴克特里亚其他地区已经出现了早期文明、文化和国家雏形。

考古学家坚忍不拔地继续追寻阿姆河谷宝藏的遗迹。经验丰富的考古学家 M.M.基亚科诺夫在有关 1950—1951 年考古活动的报告中,提供了以下情况:"阿姆河上游方向是瓦赫什河和喷赤河的交汇处,在瓦赫什河右岸有两座古城遗迹,其中一个不具备深入考察价值。另一座古城遗迹——塔赫提·桑金,从外观上让人想起 1885 年发现的乌塔尔城堡。正方形城墙由泥灰岩筑成,各种石头建筑遗迹和石柱、飞檐等建筑装饰随处可见。

据古籍记载,阿姆河重要渡口之一曾经位于梅拉镇,这里曾是穿越中亚的通道的终点。因此,我们有理由推断,塔赫提·桑金和塔赫提·库巴德两座直接相连的古堡当年负责保卫渡口的安全"①。

历史学家当之无愧为历史和人类文明的发现者。揭开阿姆河谷宝藏和古巴克特里亚文明之谜的强烈愿望,成了他们工作的动力。不久之后,于 1950—1951 年,M.M.基亚科诺夫领导下的科考队开始在凯库巴德沙赫和塔赫提·库巴德(今哈特隆州

---

① 参看基亚科诺夫著《塔吉克斯坦古老文化的起源》,第 69—70 页。

凯库巴德沙赫古城仍有城墙残存。城墙厚度为 4 米,是双重防卫设施,第一道墙明显厚于第二道,其坚固程度也更高。两道城墙由 2.5 米高的隐蔽通道相连接,城池若遭强攻,这条隐蔽通道可以让居民在城内安全移动。城池本身呈长方形,四面都有城门。城墙的若干处建有长方形高塔,卫兵自高塔下向进攻的敌人开火,墙下的敌人无处可躲。防卫塔和瞭望塔增强了凯库巴德沙赫城的守备力量。据专家考证,在凯库巴德沙赫城除了 16 座角塔以外,还有 11 座外塔和 9 座内塔,同样具有重要的战略意义。城池北门有额外两座高塔镇守,这两座塔建在城外,不仅有守卫作用,还可以保证来自各个国家的商队车辆通行无阻。城墙与守备塔都是用砖砌成的,并经过多次的修缮和重建。

凯库巴德沙赫古城中,直角形城门坚固可靠,城门与守备塔布局合理,大小街道井井有条,证明古巴克特里亚具有高超的建筑工艺水平,文化发达,国家体系健全,城市管理有方。

在发掘凯库巴德沙赫古城遗址过程中,有不少金银钱币、陶器碎片与其他生活用品出土,当中大部分文物属于贵霜王朝时期。其中一枚圆形金币实属考古学上一大发现。金币边缘刻有文字,其一面是穿着过膝铠甲、头戴镶珍珠尖顶帽的贵霜国王肖像。国王左手持三齿叉,右手伸向祭坛。金币的另一面是一位手扶三齿叉的裸体女性像,其背后是一头猛牛。上面有"涡赫绍"字样,应当是瓦赫什河女神的名字,那位裸体女性应该是瓦赫什河女神的化身。

这枚金币的年份属于巴克特里亚晚期,也就是贵霜王朝时期,因此,并不能揭开比这一时期早 5—6 个世纪的阿姆河谷宝藏的历史。①

考古学家当时另一个任务就是着手于阿姆河右岸塔赫提·库巴德遗址的发掘。有关资料表明这一地区同阿姆河谷宝藏发现地有许多相似之处。塔赫提·库巴德遗址与凯库巴德沙赫古城也有不少相同之处。发掘工作表明，这里的城池同样是直角形，被卫城和各种建筑所围绕。考古学家们也发现了各种各样的陶器、石制脚柱、陶器作坊以及多种生活用品等文物，大部分属于古希腊时期。在塔赫提·库巴德找到阿姆河谷宝藏的希望破灭了，考古工作只是证明，塔赫提·库巴德是为保卫阿姆河渡口而建成的城堡。

继而发掘工作转向位于5公里外瓦赫什河与喷赤河的交汇处，即阿姆河源头的塔赫提·桑金。其实，此处最早的考古工作始于1928年，由Б.П.杰尼克领导，但当时的考古活动很难称之为细致认真。

1950—1952年间，此地开展考古工作的是М.М.基亚科诺夫，而后是А.门德尔斯坦(1956)。虽然这些考古学家都希望找到阿姆河谷宝藏，然而幸运女神并没有眷顾他们。

М.М.基亚科诺夫对于古巴克特里亚文明提出了大胆推断，并认为阿姆河谷宝藏位于塔赫提·桑金遗址，相信考古活动必将获得圆满成果。他的见解吸引了世界上众多学者的注意。著名的考古专家，如：Б.А.利特温斯基、Е.В.杰伊马尔、Б.Я.斯塔维斯基、Л.И.阿尔鲍姆纷纷来到卡勒阿伊·米尔、凯库巴德沙赫、塔赫提·库巴德和塔赫提·桑金等遗址。他们的共同努力，翻

---

① 参看基亚科诺夫著《塔吉克斯坦古老文化的起源》，第57—64页；《塔吉克斯坦苏维埃百科全书》，第3卷，第173页。

开了巴克特里亚历史研究的新篇章。

　　阿姆河谷宝藏被发现一个多世纪以后,学者们终于为宝藏的谜题找出了答案。塔赫提·桑金的考古发掘工作在Б.А.利特温斯基的领导下于1976年开始,随后由И.Р.皮奇江继续进行。考察成果表明,塔赫提·桑金同塔赫提·库巴德一起构成了连接印度、中国、伊朗和拜占庭主路上由一系列城堡组成的坚不可摧的军事防御体系。其任务是保卫阿姆河分水岭及陆路交通的安全。塔赫提·桑金的发掘同样证明,塔吉克人的祖先在城堡和军事设施建筑方面达到了相当高的水平,巧妙地将建筑艺术同军事需求结合在一起。

　　塔赫提·桑金西环群山,东抱伟大的阿姆河,城南及城北是两座坚固的城墙。在南北城墙之间是军营、驿站、宫殿、集市和手工业作坊。每座建筑都有各自独特的风格。

　　在古城遗迹中央是长237米、宽165米的古堡。最初它由2

阿姆河谷宝藏之部分镀金的银铸雕像

米高的护墙包围,护墙上有高 8 米的瞭望塔;城墙周围是 3 米深的堑壕。古堡及四周的长方形建筑严格遵循古巴克特里亚军事设施的建筑风格。

祭祀瓦赫什河神和阿姆河神的涡赫绍神庙的发现轰动了考古学界,同时也揭开了阿姆河谷宝藏的神秘帷幕。神庙位于风景如画的瓦赫什河和喷赤河的交汇处,也就是阿姆河的源头。神庙里发现了一个占地 144 平方米的长方形大神殿。周围有数间供祭司和朝拜者使用的房间。神殿拱顶有四个巨大石柱支撑,让神殿益发显得庄严雄伟。神殿三面有门,前来朝拜和祭祀的人们可以沿着走廊进入神殿。

该神殿的建筑风格让专家学者去详细描述,我想说的是,塔赫提·桑金的出土文物和阿姆河谷宝物有出奇的相同之处,其中包括陶制和石膏制的神像、大量骨制品、3000 余件铜制和铁制的箭镞、钢制匕首、箭筒、金币及其他物品,都说明阿姆河谷宝藏确实出于这座神庙。阿姆河谷宝藏如同涡赫绍神庙其他宝物一样,遭到强盗的洗劫,流传到今天的仅仅是其中很小的一部分。

古代文献,尤其是《阿维斯陀》一书告诉我们,雅利安民族将瓦赫什河和阿姆河当作圣河。巴克特里亚、粟特和花剌子模人都崇拜涡赫绍神和象征丰收的阿纳基塔神。瓦赫什河在当时被看作是万物之源的圣河,因为她哺育了广阔地区的人民,使得他们能够种植自己食用的粮食和牲畜所需的绿色饲料。

古波斯语"瓦赫什"(即"瓦罕")的意思为"说出的词语",这个意思同忏悔、祈祷、歌颂相近。粟特语中这个名词同样指话语和语言。也就是说,河名表达了对涡赫绍神的感激和崇拜。在古印度书籍中"瓦赫舒"指阿姆河;古希腊人将其读音改变为

"奥克苏斯"。词组"扎尔都士提·瓦赫舒尔"也可能同这一概念相关。首先,其含义包含"先知、使者和传播上帝的旨意"的意思;其次,它表示同瓦赫什河(阿姆河)的关联,也就是"瓦罕河的诞生地"的意思。著名的东方学家 B.A.利夫什茨称加尔各答城市博物馆保存着一块岩石,上面刻有"瓦赫什河——唯一的神明"铭文。

需要指出的是,崇拜神圣的瓦赫什河的不仅仅是古巴克特里亚人,也包括后来的中亚居民。如,花剌子模之子阿布来鸿·贝鲁尼(973—1048)描述了花剌子模人民的风俗节庆,提到当时有名为"瓦罕山干"的节日。贝鲁尼解释说,瓦罕是庇护瓦赫什河和妫水(即阿姆河)的天使。

在阿姆河谷宝藏中有一枚可以用作印章的金戒指,戒面上刻有一位人首牛身的长着双翼的神明。戒指上用阿拉米语写着"瓦赫舒",也就是瓦赫什河神的意思。戒指上的铭文可以看作是阿姆河谷宝藏出自瓦罕神庙的佐证。古巴克特里亚人在举行祭祀瓦赫什河的仪式时,将名贵物品和牲畜作为祭品。这方面的内容,将在下文,即关于东雅利安部落、《波斯古经》和琐罗亚斯德的章节进一步论述。

瓦赫什河神庙出土文物中,最古老的物品是带有两幅野兽猎鹿图的骨制刀鞘。刀鞘正面的图案上直立的雄狮用前爪抓住了野鹿,狮首被拟人化了,同人面有些相似,象征着帝王巨人般的威力。在刀鞘的下部,是另一幅捕获野鹿的大型猫科动物图案。图案的风格让人想起巴克特里亚工匠的作品,学者们将其时间归为公元前 6 至前 5 世纪。

在出土文物中还有一尊亚历山大大帝的雕像,具有特殊的考古意义。骨制的雕像上,半人半神的亚历山大大帝头戴饰有

阿姆河谷宝藏之刻有狮鹿像的阿基纳克刀鞘

双角的战盔;战盔形似狮首,一方面象征着无敌和伟大,另一方面让我们想起诸多波斯诗人诗词中歌颂的"双角亚历山大大帝"。

在塔赫提·桑金的考古过程中,发现了大量刀剑和骨制刀鞘,其数量超出 150 年以来古希腊考古工作中发现的总和。可以推断,这些武器是亚历山大大帝在渡过阿姆河后,在瓦赫什河神庙举行祭祀仪式的祭品。

在锁子甲、刀剑等物品当中,还发现了刻有狩猎和骑行场面的金属片。这些金属片是骨质宝盒的盖子,学者将其称为"巴克特里亚人狩猎图"。巴克特里亚能工巧匠生动细致地刻画出猎人的服装、弓箭、刀鞘、矛头等,再现了当时的狩猎场景和猎人的面貌。

图中,两位猎人射中了两头鹿,狐狸、野兔四散奔逃。受伤的母狮为保护幼狮正准备攻击猎人。这些艺术作品以最佳的形式展现了巴克特里亚的文化艺术水平以及当时的狩猎场景和骑士的外貌。

塔赫提·桑金遗迹的发现向世人表明，阿姆河谷宝藏原是信徒祭品的一部分。英国军官Φ.巴顿和A.卡宁汉姆关于宝藏出于瓦赫什河和喷赤河流域的推断也由此得到了证明。考古学研究还印证了阿姆河宝藏是不朽的巴克特里亚精神及瓦赫什河神的丰碑，印证了塔吉克民族的古老历史、独特的文化和国家及文明的伟大。

五十余年来，在塔吉克斯坦的卡勒阿伊·米尔、凯库巴德沙赫、塔赫提·库巴德等地区数十处的考古工作揭开了巴克特里亚研究和塔吉克文明与国家历史的新篇章。历史事实和阿富汗（尤其是巴里黑和帝罗切普）、土库曼斯坦（木鹿、尼索）和乌兹别克斯坦（费尔干、苏尔汉河、铁尔梅兹）等地的考古工作确认了出土文物的共性，并由此证明古巴克特里亚文化发达、国土辽阔、国家强大等事实。阿姆河谷宝藏及瓦赫什河神庙的出土文物是巴克特里亚古国确实存在的不可推翻的有力证据。

第四章　祖先第一部百科全书

当我们涉及前几个章节的内容时,便不由得引起另外一些问题:塔吉克人同巴克特里亚古国究竟有什么联系,塔吉克人为什么放弃了萨曼王朝的黄袍,又认为自己是凯扬王朝和阿姆河谷宝藏的传人?

巴克特里亚和粟特人是否是塔吉克人的先祖? 如果答案是肯定的,那么又如何证明? 属于伊朗语系的雅利安人的摇篮究竟在哪里——在巴克特里亚、粟特、花剌子模、波斯,还是在今日伊朗境内? 最后,塔吉克民族是否有权利像自己的兄弟民族——波斯人一样,自称是巴克特里亚和粟特地区雅利安人的历史、文化、语言、神话、学说和信仰的继承人? 今天有不少突厥民族居住在前巴克特里亚、粟特与花剌子模地区,并在本民族国家政治舞台上声称自己同古雅利安人有着历史上和文化上的直接联系,但他们与古雅利安人究竟有无关联?

诸如此类的许多问题需要我们回答。为了寻求答案,需要回顾一下历史,以便找出我国民族的根源,发现远古祖先在故土上的脚印,重温我们独特的文化传统和国家的历史。

专家们正确指出,文明和文化没有国界,不可能用国家疆域去划分。人类历史表明,在某一个民族、某一个国家或某一个宗教的影响下,可能出现多种新的文化,产生新的民族、新的世界观和新的信仰。研究古希腊的专家称古希腊是人类文明的摇篮,代表了全人类的童年时期。虽然这种说法未免有些夸张,忽略了东方文明的作用,但其中的核心因素还是有积极意义的,说明文化无疑具有传播趋势,不断地从一个地域渗透到另一个地域。

在 20 世纪跌宕的历史进程中,尤其是 20 世纪最后十年,有不少国家需要划定自己的边界,其地缘政治利益也被赋予新的内涵。人们开始重新划分古今文明的疆域,诸多大小民族都在努力扩大本民族文化范围,试图将临近民族的文化遗产划为己有,因此在现阶段很难客观评估本民族的历史,揭示其在人类历史上的真正作用。

然而,我们没有其他道路可以选择。在寻求真理的道路上,应当时刻回忆历史,牢记中亚文明学家 Б.Н.温伯格和 Б.И.斯塔维斯基的话:"位于某一国家境内的建筑物、文化古迹和艺术文物,不能简单地确定为属于乌兹别克或者土库曼的民族遗产,这是违背历史事实的。"

在《中亚古代历史与文明》一书中,两位学者写道:"现代中亚民族形成的历史进程发生在今日划属不同国家的区域内。例如,古时归属巴克特里亚和塔哈里斯坦的领土今日分别划归乌兹别克斯坦、塔吉克斯坦、土库曼斯坦和阿富汗;粟特古国曾位于乌兹别克斯坦和塔吉克斯坦的地域;花剌子模国土分别划归乌兹别克斯坦、土库曼斯坦和卡拉卡尔帕克自治共和国;费尔干纳则分别归属乌兹别克斯坦、塔吉克斯坦和吉尔吉斯斯坦。塔吉克古代文化中心布哈拉城和撒马尔罕城目前位于乌兹别克斯坦境内。因此,历史文化不能以现今国家疆域来划分,并分别研究。"[1]

---

① 参看 Б.Н.温伯格,Б.Я.斯塔维斯基著《中亚古代历史与文明》,莫斯科,1994 年版,第 15—17 页。

的确,试图将历史和文明的功绩"装入"今日国家版图之内,将其强行划归某一民族和国家,这样的行为极为幼稚,如同将大象的故乡从印度丛林移至克孜勒库姆沙漠,并为这一"发现"沾沾自喜。我们并没有将过去或今日居住在中亚的任何民族的文明和文化遗产据为己有的想法。我们的唯一目标是研究祖先数千年来的历史、他们的来龙去脉和兴衰史,并从祖辈的胜败中吸取应有的教训。

历史是伟大的导师、公平的裁判、无私的编年史作者和经验丰富的向导;历史的光芒能照亮前进的道路。让我们暂时将巴克特里亚古国和阿姆河谷宝藏的秘密放在一边,将目光投向更遥远的过去,探索一下雅利安人迁徙到我们广阔领土的历史。

伊朗民族命运为人类历史打开了颇为有意味的篇章。其历史以神话和传说的形式流传到今天,又重新转化为史实。

关于雅利安人的起源及其最早的发源地问题,东西方学者早就有争论,大多数学者认为雅利安游牧部落最早生活在中欧、今日俄罗斯南部地区和中亚地区。后来,由于中欧和亚洲气候急剧变冷,部分雅利安部落被迫离开自己早期生活的地方,迁徙到温暖地区。这些被称为印欧人的移民分散在多瑙河、奥卡河及伏尔加河上游、东西伯利亚、乌拉尔及阿尔泰广袤的草原上,还有更多的人来到富饶的中亚。

在中亚定居的印欧人分为三个族群。其中一个族群沿着印度河走向印度,另一个族群穿过阿姆河平原,走向西伊朗一带。人数最多、势力最强的族群则留在巴克特里亚、粟特和花剌子模(这些地区后来为摩瓦鲁纳赫和呼罗珊地区)以及阿姆河及锡尔河的沃土上,奠定了文化发展的基础,划定了定居范畴。

在雅利安人的神话传说中,经常提及他们最初的家园"阿普利南·瓦伊扎赫",那里的碧绿的草原牧场、肥沃的土地受首善之神——阿胡拉·马兹达的庇佑。但后来,厄运将诸多灾难降于雅利安部落:寒冬来临,冰雪封地,雨雪交加,乌云遮蔽了太阳,白日转为黑夜。

印度哲学家、政治家尼赫鲁在《世界史观》一书中讲到雅利安人在亚洲的迁移,认为其状况与犹太人由埃及逃出、在阿拉伯沙漠游荡极为相似。然而,这两种情况也有本质上的区别。印欧人的迁移像洪流一样,席卷了沿途各部落、各民族的文明并将其同化。历史的风暴只有遇到像岩石一样坚不可摧的民族文化时才会停息。

组织良好、语言统一、好战尚武的印欧人在迁移中自始至终没有遇到任何紧密团结的部落或强有力的国家,因此能不费吹灰之力,在精神上和军事上摧毁对方,不断传播自己的文化和习俗。于是,年轻的雅利安文明在欧亚大陆上变得越来越茁壮。相比之下,犹太人在出走、漂泊之中,和强大的古埃及、巴比伦等国文化相遇,为了保护自己的民族特性、语言、宗教、文化传统等价值,他们经历了千辛万苦,不得不长期进行或明或暗的斗争。

在数千年之后(也有可能是两万年之后)要谈论印欧人的命运及其生活状况,不能避开科学论据和历史事实,否则定要犯错误,误入歧途。应该从语言学、考古学、文献资料、文学作品、神话传说、艺术作品、古建筑和历史文物中去寻找证据,应该深入研究古代商贸路线及经贸关系的发展史、武器装备的发展史,研究古代军事设施和古城堡遗迹,充分利用现代科学、文化及历史资料,否则就不可能在印欧民族史上取得新的突破。

有关印欧民族命运的留存到今的最古老文献是《吠陀经》

和《阿维斯陀》。以古印度语写作的《吠陀经》成书于公元前12至公元前10世纪,是印度文明的丰碑。据科学考证,《吠陀经》由四部分组成,其中包含了有关人类诞生、神启、天体、大地与自然崇拜、祈祷文与神祇方面的丰富信息。《吠陀经》的第一部《梨俱吠陀》(汉译为《歌咏明颂》)由一系列颂歌组成,除宗教意义之外,也具有世俗意义。例如,对黑夜白昼、哺育生命的水源、太阳及火焰的歌颂提供了有关印欧人生活习俗的丰富资料。据有关学者考证,《梨俱吠陀》是《吠陀经》中成书最早的部分,也是印欧语言最古老的书籍,成文于公元前12至公元前10世纪。

《吠陀经》其他三部《娑摩吠陀》《耶柔吠陀》《阿达婆吠陀》相继在公元前8至公元前5世纪成书于后,同样也是印欧民族历史和统一文化的有力佐证。

印度宗教中的天空之神伐楼拿,大地女神波哩提毗,太阳神密特拉,毗湿奴,苏利耶,暴风之神楼陀罗,雷电之神因陀罗,火神阿耆尼等诸神同邪恶之力不停地斗争,保护人类免受灾害与疾病。《吠陀经》中对诸神的崇拜和歌颂的描写是对印欧各民族尤其是中亚印欧居民的礼仪进行比较史学研究的宝贵资料。

《阿维斯陀》是居住在巴克特里亚、粟特和花剌子模的印欧先辈的早期古代文献,这部神圣的经典成书于公元前12至公元前10世纪,是《吠陀经》的姊妹篇。最初,《阿维斯陀》在雅利安民族中口口相传,在宗教仪式上拜祭太阳、大地、水、火、风和歌颂丰收时,加以吟诵。

《阿维斯陀》描述了我国祖先的童年。其中的歌谣、史诗、圣歌、启示和颂歌,犹如儿时的摇篮曲和色彩斑斓的幼年回忆,

历史倒影中的塔吉克民族(一)

普拉尼西舞台

激动人心,令人难忘。《阿维斯陀》可谓塔吉克人的先祖——东雅利安人的第一部百科全书和第一个文化智囊。《阿维斯陀》记载了我们祖辈在塔吉克民族文化形成初期的命运。

塔吉克斯坦研究《阿维斯陀》的波波纳扎尔·波波宏被认为是世界上为数不多的、真正掌握《阿维斯陀》语言的学者,他论述了《吠陀经》和《阿维斯陀》在读音方面的共同之处,并提出了一个让人震惊的大胆观点,称两部经书之间的差别"如同英式英文和美式英文"一样微不足道。他强调指出,这两部经典虽同出一源,但在其后人类文明发展中,《阿维斯陀》的很多详细注释,尤其是《神歌》部分,是由居住在伊朗(巴克特里亚、粟特、花剌子模地区)的雅利安人完成的。

《阿维斯陀》不可能从虚无中产生。首先,其中叙事与神话传说部分来自雅利安人的文化。印欧民族在公元前 60、50、40 世纪已有文学艺术产生,成为发达民族,《阿维斯陀》是印欧民族共同的精神产物。创造《阿维斯陀》的民族具有天生的创造力，在当代史上即民族分化、民族特色形成时期，依然发挥着其创造能力。这个在古代已拥有经典的伊朗-印度民族，至今保留着著书立说的传统，而且用新的语言、新的思想进一步丰富了这些传统。

这个历史阶段并非偶然。有很多研究可以证明该阶段的发展水平，其中包括研究图兰国家的意大利学者。在我看来，学者们关于琐罗亚斯德出现在公元前20世纪初的推断是非常正确的。

当我们每次翻阅《阿维斯陀》及其各种译版和注释的时候，难免会觉得在这部伟大著作面前，数千年来让世人惊叹的荷马名著《伊利亚特》与《奥德赛》要逊色不少。众所周知，《阿维斯陀》成书早于荷马史诗数百年。据英国学者 E.维思特考证，荷马著作中总共有34.5万单词，而《阿维斯陀》（即《阿维斯陀》巴列维语译本及注释本）包含了200余万单词。在词汇量上《阿维斯陀》也远远超过菲尔多西的《列王纪》。

古希腊、古罗马诸多历史学家都提及过琐罗亚斯德教圣书和远古宗教文献在琐罗亚斯德教信徒中的传播。例如，古罗马历史学家普林尼以古希腊历史学家赫米普斯（公元前3世纪）的论述为基础，认为琐罗亚斯德教术士之书由两百万首两行诗组成。

据赫米普斯称，早在公元前4世纪，古希腊历史学家泰奥彭波斯便在亚历山大大帝的授意下开始研究和翻译《阿维斯陀》。①

流传至今的《伊朗城记》等巴列维语（又为钵罗婆语）古文

---

① 参看 И.阿利耶夫著《米底史》，巴库，1960年版，第15页。

献记载了有关《阿维斯陀》宝贵的历史资料。据这些文献记载，琐罗亚斯德先知经过维什托斯普（古什托斯普）国王的考验后，在宫廷里获得了应有的地位，在国王的旨意下，首先将《阿维斯陀》铭刻在金箔上，尔后将其安放在琐罗亚斯德教徒的神庙里。《阿维斯陀》的最早版本保存在巴里黑国王维什托斯普的宫殿，以及琐罗亚斯德教神庙、纳夫巴赫尔神庙和其他巴里黑圣地。据《伊朗城记》记载，亚历山大大帝东征时，将这些古籍全部焚毁，并将灰烬飘散于河流中。

另外一部巴列维语古文献《丁卡拉》（即宗教卷宗）中也有相关详细记载。《丁卡拉》是公认的宗教思想百科全书，其中包含了雅利安人的神话和史诗故事，以及琐罗亚斯德教时期的睿智思想。《丁卡拉》由九部书组成，其中第三部包含《阿维斯陀》的历史及其成书时间的介绍。据《丁卡拉》记载，《阿维斯陀》文本在维什托斯普国王的授意下被抄写后，保存于伊斯塔哈尔图书馆和巴里黑等巴克特里亚琐罗亚斯德教神庙中。用牛皮纸和金箔记载的《阿维斯陀》文本在亚历山大大帝的命令下被销毁，然而幸运的是在此之前《阿维斯陀》已经有了古希腊文译本。金箔被发往希腊，神庙中其他的财物被洗劫。《丁卡拉》称，《阿维斯陀》全文由 21 部书籍，共 1200 章节构成。

据《丁卡拉》记载，在亚历山大大帝入侵并焚毁《阿维斯陀》后，有关人士开始收集残稿并重新整理和编撰《阿维斯陀》。安息国王瓦拉什（又名伏洛奇薛斯，公元前 1 世纪左右在位），也积极地参与这一事业，召集全国的祭师，下令根据残稿和记述，重建《阿维斯陀》文本，并用文字记录下来。

琐罗亚斯德教在安息王国的影响迅速壮大，各个地区开始建造琐罗亚斯德教神庙。随着古希腊文化影响的削弱，各地出现了带有民族风格的新建筑,如尼索和木鹿等地宏伟壮观的神庙。丝绸之路穿越安息王国,连接粟特、巴克特里亚、中国、印度、波斯和拜占庭等国,促进了经济贸易发展,也促进了文化互动,尤其对传播琐罗亚斯德教及其圣书《阿维斯陀》起到无可替代的作用。

琐罗亚斯德教在安息国的影响不断扩大,到了萨珊王朝时期进而被推崇为国教。

萨珊王朝的奠基人阿尔达希尔一世(公元 224—240 年在位)在完善和编辑《阿维斯陀》方面做出了重要贡献。在阿尔达希尔的旨意下,大祭司坦萨尔对《阿维斯陀》进行了修订。这一神圣任务,在阿尔达希尔一世驾崩后,由其子沙普尔一世(公元 240—272 年在位)继续。他责令大祭司等人完成坦萨尔的业绩,将有关天文、医学、哲学等章节纳入《阿维斯陀》文本。沙普尔二世在位期间(309—379),在大祭司奥扎尔巴德·梅赫拉山东的主持下,搜集编撰了最为完整的《阿维斯陀》文本。据大多数学者考证,《小阿维斯陀》的编撰者正是奥扎尔巴德。《阿维斯陀》的最终编辑完成于库斯老一世在位期间(531—579),并在同一时期被译成巴列维语。这本书被命名为《詹德》。

《阿维斯陀》被翻译成巴列维语的主要原因在于《阿维斯陀》原文已显陈旧,无法通用,连德高望重的祭司在翻译和注释原文术语和论点时,都感到十分困难。加富罗夫等有关专家指出,为了用巴列维语重编《阿维斯陀》,编撰者甚至创造一种新文字,以便精准表达《阿维斯陀》的内涵以及原文的发音特点。[1]这种文字被一些专家命名为"金达班利"。

---

① Ғафуров Б. Тоҷикон.Душанбе,1988.Китоби 1,c.65.

新编《阿维斯陀》共21部,是名副其实的一本巨著,译成英文后,已广为人知。其最早文本出现于琐罗亚斯德时期是无可否认的。《阿维斯陀》的第一部,即《神歌》问世时间距离当代已有1500—2000年。后期流传的文本仅有《祭祀书》《众神书》《驱魔书》《赞颂书》《小阿维斯陀》五个部分。

这五部书的文字也并不完整。也就是说,原本21部1200章节的《阿维斯陀》文本流传到今天,仅仅剩下5部350个章节。历史跌宕起伏,然而,人类最早的伟大著作之一,我国祖先的圣书——《阿维斯陀》的盛誉历经千年而不衰不朽。流传到今天的《阿维斯陀》,字里行间充满了来自上苍的智慧,字字千钧,平实的语言却在诉说着深奥的哲学,令人赞叹其伟大。

《阿维斯陀》向上苍祈祷的话语如此真诚,颂歌、祷文、圣歌对精神净化的呼唤如此亲切,及至今天也不能不引起我们心灵的共鸣。每一部书都是璀璨的明珠。翻阅《阿维斯陀》的时候,我们似乎可以回到过去,看到祖先是如何向伟大光明的善神和智慧之主阿胡拉·马兹达等神明朝拜祈祷。

《阿维斯陀》早期和后期的诗篇、散文章节、珍贵的颂歌等部分,像阿姆河谷宝藏一样,给我们揭开了祖先文明的奥秘。

有人会问,《阿维斯陀》和阿姆河谷宝藏究竟有什么联系?怎么能够将年代相差如此之大的事物相提并论?

《阿维斯陀》是生生世世伴随我们历代祖先的圣书。我国先辈在远古辛勤耕耘着土地、迎接丰收的时候,便吟唱《阿维斯陀》的圣歌;牧人们诵念《阿维斯陀》,祈求上苍赐予丰饶的牧场和肥美的羊群;工匠们将神明的肖像铭刻在工艺品上,相信神明会给他们带来庇佑;将士们高唱着《阿维斯陀》的颂歌,心中怀着《阿维斯陀》的金科玉律,奔向战场,走向胜利;君主统治者们将国家的命运交予阿胡拉·马兹达。祭司智者在《阿维斯陀》中寻找启迪,开导人们净化心灵,日日行善。遵守琐罗亚斯德教的仪轨,人们每年、每月、每星期和每日都到神庙中向火神行祭礼,向光明和生命之主阿胡拉·马兹达奉献祭品,请求保佑和万事如愿。

现已确认,阿姆河宝藏原是君主奉献神明的祭品,也有可能是外来入侵者向琐罗亚斯德教神明祭祀,以示慷慨,想笼络人心,巩固自己的统治。

阿姆河宝藏因为后来的历史环境和某些人的私欲惨遭洗劫破坏,并最终收藏在大英博物馆,《阿维斯陀》后来也不止一次地受到诅咒、被火焰焚毁。历代试图占领祖先国土的侵略者烧毁圣书的用意是妄想摧毁先辈的精神支柱,使他们沦为意志薄弱、唯命是听的奴隶。

如:征服世界的亚历山大大帝放火烧毁《阿维斯陀》,并据伊本·巴勒赫记载,将载有《阿维斯陀》诗句的牛皮和金箔共12万件文物运走,送往并不起眼的马其顿公国,然而,命运之神最终还是抛弃了他。

亚历山大大帝自幼年梦想着拥有金盔金甲,他征战半个世界之后,将我国祖先创造的金像、碑刻、珠宝、艺术品等宝物装进铁箍皮箱,用数万头骡马、骆驼运走。然而,命运的旨意是难以捉摸的。临终前,富甲天下的亚历山大大帝留下了这样的遗言:"我死后,把我装进顶盖钻孔的棺材里,让我的双手从孔洞中伸出。抬棺的时候,要让百姓民众看到,征服了世界的我,走时两手空空"。[1]

---

① Унсурмаолии Кайковус. Қобуснома. Душанбе,1979, c.54.

这位常胜将军占领了半个世界,将人生的富强之年献给战场与征服,13年间,他转战欧亚,最终却带着心头的遗憾,赤条条地结束了生命之旅。刻有《阿维斯陀》诗句的牛皮,在无休止的战乱中失踪,只能成为鼠类的食物。

数百年间,随着《阿维斯陀》影响的扩大,圣书走出了中亚,走出了波斯王公的深宫大殿,来到兴都库什山下,来到幼发拉底河谷和底格里斯河谷。圣书深受巴克特里亚、粟特、花剌子模、波斯等地区人民以及塞克人、斯基泰人和印度各民族的敬爱。当琐罗亚斯德教口口相传,从一个国家传播到另一个国家的时候,《阿维斯陀》同商队一起,沿着无尽的丝绸之路往返,到达各个辽阔的偏远地区。

在第二次复兴时期,在安息王朝和萨珊王朝时期,由于生活的变化,也考虑到各民族的习俗和思想,对圣书作了一些补充和修订。时代的要求、宗教信条、政治思潮、统治者的思想也都被考虑进去,使祖先创造的第一本百科全书不断吸收新的知识和信息。

研究《阿维斯陀》及其单独的章节,对研究历史学、语言学、神话学、哲学、神智学、宇宙学、天文学、自然科学、地理学及其他各个学科都有不可替代的作用。《阿维斯陀》记载了有关雅利安各民族的生产劳动、生活习俗等详细资料,也记载了祖先对善与恶的理解、对子嗣的教育传统、对水与火的神圣感情及其他的许多细节。

绝大多数研究《阿维斯陀》的学者,如:M.波伊斯、Г.涅利、X.纽伯格,著名研究家加富罗夫、C.纳费西、E.别尔特尔斯、И.勃拉津斯基及塔吉克斯坦学者H·雅库勃夫认为,《阿维斯陀》诞生在中亚和阿富汗北部地区。公元前12至前10世纪,《阿维斯陀》在这些地区以祈祷文、圣歌、颂歌、谢恩颂、歌谣、史诗和神话故事等形式口口相传,直到琐罗亚斯德时期。

　　前文已提到,正是先知琐罗亚斯德将数目繁多的颂歌和祈祷文系统整理、著成圣书。在安息王朝和萨珊王朝时期,《阿维斯陀》文本经过继续整理修订。

　　研究雅利安文化和琐罗亚斯德教的伊朗著名史学家赛义德·纳费西在《祖先神圣的领土》一文中有如下论述:"在今日伊朗东部和北部有一片寄托了我们深深情感的沃土。许多伟大的学者一致认为,这片位于喜马拉雅山脚下、妫水和药杀水(今称阿姆河和锡尔河)河畔的土地是雅利安民族的摇篮。古伊朗的上苍之书——《阿维斯陀》将其山水描述为人间天堂,这是我国祖先的发源地。可以肯定,伊朗民族同妫水和药杀水两岸的

竖琴师

神奇土地有着最为直接的联系。有关专家认为,伊朗民族来自此地,今天的伊朗国土是我们的第二个故乡。我们古老的历史神话印证了这一点,在有关资料中,也多次提到了这片土地的名字,俾什达迪王朝和凯扬王朝的领地是其中一部分"。①

《阿维斯陀》最为古老的一部分——《祭祀书》(《耶斯那》)由72章组成,从词汇用语的特点来看,其成书时间应同《梨俱吠陀》相近。《祭祀书》的前8个章节以歌颂主神阿胡拉·马兹达和其信徒、神明和天使(如:巴赫曼、辛潘达尔木沙和苏鲁沙)为主要内容。《祭祀书》的第9—11章则赞颂赋予人们以非凡力量的苏摩酒。阿胡拉·马兹达的信徒将同名植物立为健康、力量和常胜之神,加以崇拜。榨取植物汁液、酿造和饮用苏摩酒被当作神圣的礼仪,只能在祭祀阿胡拉·马兹达主神的时候进行。由波斯阿契美尼德王朝之王大流士授意镌刻的贝希斯敦铭文有关于赞颂苏摩酒的塞克人的记载。阿胡拉·马兹达主神的信徒榨取苏摩草的汁液,加入鲜奶混合发酵,并将牛羊供奉给神明,这一系列的描写映照了从事畜牧业民族的生活细节。由此可见,戴尖帽的塞克人("赞颂苏摩酒的塞克人")以及生活在中亚广阔草原上和阿姆河两岸的其他游牧部落均接受了琐罗亚斯德教,成了阿胡拉·马兹达主神的信徒。

需要指出的是,在《梨俱吠陀》中也有不少圣歌和赞美诗,同雅利安民族的圣歌十分相似。《梨俱吠陀》同样讲到了圣饮之神,他所庇佑的是用草汁制成的令人精神振奋的美酒,其酿制方法同苏摩酒非常相近。印度的琐罗亚斯德教信徒自古以来,在举行宗教仪礼、向神明祈祷时,一直在酿制和饮用苏摩酒。著

_____

① 赛义德·纳费西著:《祖先神圣的领土》。

名的法国学者 A.杜佩隆向伊朗法尔斯省的祭司和印度的琐罗
亚斯德教神职人员学习了阿维斯陀语和梵语后,于 1771 年翻译
出版了《阿维斯陀》的注释本。虽然译本略有缺憾,然而正是这
译本让欧洲人认识了琐罗亚斯德教和圣书《阿维斯陀》。

　　由此可见,琐罗亚斯德教神圣的仪式——对苏摩酒的赞颂
是一个极为古老的传统,使我们对琐罗亚斯德教历史上许多模
糊不清的地方有了更加清晰的认识。至于戴尖帽的塞克人,某
些学者认为,居住在伊什卡申(旧称萨克申)的民族是其后裔。
在塔吉克人当中,尤其是巴达赫尚省及其他地区居民当中,酿制
苏摩酒的原料"豪麻"至今被当作提神的草药来使用。

　　自然,对于《祭祀书》的研究应该让学者和有关专家来深入
进行。我们则在继续寻找答案的过程中要转向《伽泰》,即《神
歌》求证。《神歌》同样是《阿维斯陀》最古老的部分之一,也是
《祭祀书》的组成部分,共有 17 个章节。最初,《神歌》以诗歌体
裁传承,其中穿插着一些散文段落。《神歌》记载了雅利安人从
游牧转为定居的过程,记述了从事农业和畜牧业的部落与游牧
部落之间的对立,是一本难能可贵的重要文献。让我们引用一
些《神歌》中的片段作为例证:

　　　　"光明善神、智慧之主阿胡拉·马兹达必将重生,真理
　　的化身以威严的意志必将阻止恶神安哥拉·曼纽。
　　　　我以善意、善言和善行赞美善意、善言、善行。我诚心
　　向善,摒弃邪恶。
　　　　我以思想和语言,行动和力量以及躯体和生命,向永生
　　的神明敬献祈祷和赞颂。"

以上是赞美主神阿胡拉·马兹达的颂歌,下面让我们共同研读《神歌》中的一段:

　　"嗟! 琐罗亚斯德! 遍播尊教,何人为助友? 唯虔信古什托斯普忠捍正教,一生不悔"。(《祭祀书》(46 — 14))。

　　在《神歌》中也提到了琐罗亚斯德之女帕乌鲁契斯忒、女婿卓摩斯普、族姓斯比泰玛、庇护者及和追随者古什托斯普及琐罗亚斯德的敌人和反对者卡拉潘、危须、本德瓦等人的名号。《神歌》中关于定居生活方式的确定、农业发展、国家兴旺等方面的信息极有价值,书中谴责了非正义,并提供了许多其他资料。琐罗亚斯德在书中赞美农业耕种,号召人们积极增加牛、羊、马等牲畜的存栏数,祝福能够保护国民不受强盗和敌人侵犯的强大、公正的君主。

　　《神歌》中所呈现的向定居生活过渡时期以及有关农业发展、国土繁荣等史料,同其他资料一样,证明雅利安人,包括巴克特里亚地区塔吉克民族的祖先具有高度文明。虽然在《神歌》中没有具体提到任何一个国名,但从某些部落的名称(如:祁连、危须、呒莲等)及人名(如:巴里黑贤王古什托斯普及其大臣法拉舒斯德、琐罗亚斯德的先人哈吉多斯帕、斯比泰玛等),可以断定所指时间应该是巴克特里亚时期。因为巴里黑是由琐罗亚斯德的第一个庇护者及其学说的传播者古什托斯普定为首都的。据考证,最初的琐罗亚斯德教神庙也恰恰位于巴里黑。另外,《神歌》中经常提到乌啼碧,他在巴里黑、卡博颠、铁尔梅兹、布哈拉、撒马尔罕、木鹿、尼索等国被尊崇为神庙之火的庇护神。

从那时起,伊朗"诺鲁兹"节(即新年)便有点燃圣火、跨越火堆、许愿等习俗,一直流传到今天。

可以说,在有关苏摩酒的章节中及《神歌》中,详细描绘了我国祖先雅利安人在游牧及定居各个不同发展时期的生活情况。

下一章节"琐罗亚斯德的故乡和先知的降临"将详细探讨《神歌》内容,现在则让我们一起研读《阿维斯陀》中的另一部——《赞颂书》。据有学者称,《赞颂书》成文时间比《神歌》略晚,与《神歌》相比,其原创特色和精神启示要少一些,情感和语言也略为逊色。

《赞颂书》是敬颂神明、君主及神话英雄的诗歌,由 21 个章节,或谓长诗(如果可以这样比喻的话)组成。有些专家认为,《赞颂书》的基础是民歌,获得了社会与宗教意义后,再由文字记载,收进《阿维斯陀》。第一首赞颂歌《阿胡拉·马兹达之颂》敬献于光明善神和智慧之主阿胡拉·马兹达,其他赞颂歌的题目为《七部安莎斯曼颂》《月亮颂》《太阳颂》《苏摩酒颂》等等。

其中最为神圣的一首赞颂歌敬献给水神阿难陀女神。阿难陀女神同时也是从胡卡洛山奔向大海的伟大河流的化身。这条河流用甘露滋养着世界上所有生灵,在河的两岸矗立着阿难陀女神之宫,每座宫殿都有一千个石柱和一千个光芒四射的大门。阿难陀女神是亭亭玉立、举止高贵的美女。她身着金线织成的华丽衣装,颈佩项链、脚穿红色皮靴,耳戴夺目的耳环,乘坐驷马金辇在天空飞翔,观察地上的水流。

靓丽的圣女阿难陀是琐罗亚斯德教中广为人知的天使之一。在琐罗亚斯德教教义中,水、火、土、气等四个基本元素是万物基原,每一个元素都由自己的天使守护着。

在伊斯兰教出现前,水神阿难陀的神庙在祖先生活的故土塔吉克沙赫拉和伊朗沙赫拉各地都建造了很多。古希腊人将阿难陀称之为阿尔忒蜜斯,古罗马人称她为"丹娜",并加以崇拜。在粟特、花剌子模和巴克特里亚,她的名字叫作"娜娜",这个词汇的本义为母亲。"娜娜"在古时候又是彭吉肯特城的守护神。①

《阿维斯陀》中对于四种万物基原及自然元素的神化和崇拜对古希腊哲学产生了影响。尤其是对小亚细亚自然派哲学家(如:赫拉克利特、泰勒斯、阿那克西美尼、阿纳克西曼德等)的影响最深,正是他们的著作使古希腊哲学在世界上威望大增。

琐罗亚斯德学说将对水、火、土、气等任何神圣元素的不敬,都视作深重的罪孽。琐罗亚斯德教信徒过世之后拒绝土葬,不愿让腐烂的遗体污染大地母亲。另举一例:在祭祀神明的时候,琐罗亚斯德教信徒用专门的口罩——"潘诺"遮掩口鼻,以免不洁的呼吸污染神庙中的火和空气。当时琐罗亚斯德教神庙常年香火不息,空气异常洁净,充满着芳香。

由此可见,四个神圣基原都有自己的守护神,这些守护神在琐罗亚斯德教信徒心目中的地位如同上帝一般。

《阿迪维苏·阿诺希特·雅诗忒》(《阿难陀颂歌》)告诉我们,在巴克特里亚、粟特和花剌子模对水的崇拜是十分普遍的;在彭吉肯特,水神崇拜仪式等以崇拜"娜娜"的形式出现。塔吉克民族,尤其是达尔瓦兹山地、哈特隆州及布哈拉居民,至今仍用"娜娜"一词称呼母亲,表达了塔吉克民族对保佑丰收的水神

---

① Якубшоҳ Ю. Авасто // Маърифат, 1996, №7–8, с.40–41.

的敬仰。在塔吉克斯坦，先辈们曾为涡赫绍河神修建了宏伟的神庙。对瓦赫什河和阿姆河河神的崇拜说明当时农业发展已达到相当高的水平。

塔吉克语有许多成语和谚语体现了对水的崇拜，如："水即是光明""水即是生命"等等，这些谚语的产生并非偶然，是长期积累的人民集体经验的映照。

富饶的阿姆河和锡尔河流域是我国祖先最早的居住地，这片沃土不仅为他们提供了从事农业生产、安居乐业、建筑新城的条件，也促使他们开辟了文化发展的快速道路。从这个角度来看，对水和大地的神化不仅有宗教意义，也表达了对生命之源等永恒的价值的肯定。阿姆河和锡尔河被当作神圣母性的象征，她们的生命之水滋养了巴克特里亚盆地的生命种子，促进了文明和国家的发展。

这片土地见证了不同文明的昌盛和衰败、外族侵略的始末、不同王朝的更迭交替，但唯有药杀水和妫水依然如故，世代哺育着万物生命。塔吉克民族自从踏上人类文明舞台的时候起，其历史命运一直同这两条伟大的河流紧紧地联系在一起。

驾驭着驷马金辇的阿难陀女神像突出证明水与丰收之神阿难陀在我们祖先心目中的崇高地位。在阿姆河宝藏发现的珍品中也有一尊水神阿难陀乘坐驷马金辇的黄金塑像。这件文物的发现再一次证明，无论是《阿维斯陀》，还是阿姆河宝藏，都与我们祖先的生活有密切的联系。塔吉克民族生活习俗同琐罗亚斯德教圣歌中的神话传说的描述有许多共同之处。

我还想提请大家注意的是，善跑的骏马和吃苦耐劳的骆驼在古代交通运输中所起的重要作用完全可以和今日随处可见的货车、轿车相提并论。古代先民依靠这些牲畜,开辟了许多新的贸易路线,减轻了农夫的繁重劳动,并且最为重要的是,发现了通往他国文明与遥远国度的未经之路。

《阿维斯陀》其他重要组成部分,如:《众神书》《驱魔书》《樊帝陀》等,在此不去详细论述。我们只想再次强调,《阿维斯陀》作为人类思想的传世巨著之一在整个波斯语世界历史中的举足轻重的作用。《阿维斯陀》深深扎根于塔吉克民族的生活之中,琐罗亚斯德教的传统和仪礼为我国民族的道德价值注入了不朽精神,有关例证不胜枚举。

著名学者 Ю.雅库勃夫认为,《阿维斯陀》首先是重要的历史文献,讲述了象征着我国祖先数千年历史的俾什达迪王朝和凯扬王朝两个雅利安王朝的历史情况。学者们称,有关俾什达迪王朝的记述大部分基于神话传说,还有待于更加细致深入的考证。

有关凯扬王朝的描述则更为真实,但这一历史时期的研究仍有不少空白点,相关学术著作寥寥无几,而《阿维斯陀》为研究雅利安国家的早期历史提供了最为丰富的资料来源。

加富罗夫院士的著作对于中亚地区最早的国家——巴克特里亚和花剌子模做了不少研究,但由于相关资料和史实的不足,这一课题至今有待进一步论证。要看到,《阿维斯陀》最古老的部分《神歌》和《赞颂书》中保存了关于相互为敌的康谦部落的大量罕见资料。康谦部落因为反对新出现的宗教和统一的国家政权,曾同琐罗亚斯德教和安息省长古什托斯普(又称希斯塔斯皮斯)进行了残酷的斗争。《列王纪》也保留了这方面的描写。凯库巴德和凯克乌斯也为创建雅利安人的国家而努力斗争,并取得了部分成功。

　　"今天，《阿维斯陀》已被证明为塔吉克人民的精神成果。《阿维斯陀》等相关文本中，可以看到有关巴克特里亚、花剌子模、粟特、喀布尔、木鹿、费尔干纳等地的记载，而法尔斯（波斯）各省份的名称根本没有出现。

　　《阿维斯陀》也没有提到米底国王和波斯阿契美尼德列王的名字，说明《阿维斯陀》用文字记载的时间在米底和波斯帝国出现之前，或者说明《阿维斯陀》的编撰者根本不知道有上述国家。

　　《阿维斯陀》成书于东雅利安地区，也就是现今的中亚地区，由此可以断定，伟大的琐罗亚斯德也出生于中亚。有关《阿维斯陀》的文献告诉我们，琐罗亚斯德的母亲出生于名叫'罗格'的地方，琐罗亚斯德本人的出生地在多里格。《阿维斯陀》的信奉者认为，罗格位于今日伊朗境内，名叫雷伊，但这种观点是错误的。《阿维斯陀》所提到的罗格位于今日阿富汗境内，并依然叫罗格。琐罗亚斯德的故乡是巴克特里亚和粟特。"[1]（引自雅库勃夫的著作）

　　塔吉克民族显然是《阿维斯陀》的正宗传人，但是，在漫长的历史过程中，从来没有卷入这方面的争论。这是没有必要的。《阿维斯陀》永远不会局限于自己的诞生地，她像成年人一样会在儿童摇篮里感到极为拘束。

　　泉水要为人解渴，精神之泉也是如此，这是自然规律，也是历史规律。《阿维斯陀》作为记载塔吉克民族历史细节的第一部百科全书、第一个形成体系的文明世界宗教的载体、记录着古

---

[1]　Якубшоҳ Ю. Зардушт // Маърифат, 1995, №5-6, c.4.

代歌曲和颂歌的第一个媒介,绝不会局限于任何人为的框架内。拥有数千年历史的《阿维斯陀》早已超越了所有拦坝和所有国界,汇入人类文明的浩瀚大海之中。

今日的塔吉克族人民,根据《阿维斯陀》的教义认为,为人解渴是最大的功德。愿《阿维斯陀》继续帮助人们解渴,愿塔吉克民族也因此获得上苍的恩惠。

第五章　琐罗亚斯德的故乡和先知的降临

记得,大约十年前,在收割季节结束的时候,我看到了一本名为《萨多伊·沙克》(《东方之声》)的文学杂志,里面刊登了琐罗亚斯德的《伽泰》。那时,期刊都是直接运送到国营农场场部的,所以我可以一大早就翻阅一下带有油墨香味的报纸和期刊。虽然时间紧张,我坚持用铅笔标出感兴趣的资料,而后每天要挤出一两个小时的时间去仔细阅读。

从历史课本,以及塔吉克和波斯古代文学中,我多少知道一些琐罗亚斯德的事情。在艰苦的环境中,我经常记起他睿智的箴言:"善思、善言、善行"。当时在计划经济制度下,无论是播种、收割、牲畜生产、准备过冬饲料,还是翻修房屋等一切事务,都是在上级领导的指挥和呵斥下进行的,正是琐罗亚斯德的告诫让我克制,没有做出以后会让我感到脸红的举动。即便胸中怒火熊熊,莽撞的词语就要从口中迸出的时候,琐罗亚斯德和其他祖先的遗训让我忍耐下去,保持冷静。

琐罗亚斯德教教义中让我记忆深刻的是教徒对大地的崇拜,号召人们辛勤耕作、歌颂农业劳动、保护土壤和水源。后来,当我读到加富罗夫的著作《塔吉克人》中关于远古时期的描写时,我不止一次地为琐罗亚斯德学说的人文主义内涵及其伟大的睿智所惊叹。或许因为我出身于农民家庭,自小与土地有不解之缘,因此每每在农忙季节即将来临时,尤其是在诺鲁孜节前

夕,我总要想起数千年前琐罗亚斯德留下的不朽遗言:

> "那些耕耘土地的人们,用手播种的人们,都给大地带来巨大的裨益,如同充满爱心的丈夫把孩子抱给躺在柔软躺椅上的爱妻,或者把礼物赠送给她一样……大地会轻声对他说:'用手在我身上播种、耕耘我的人啊,我在不停地生育,奉献出丰收和食物。播撒麦种的人就是播撒善良的种子'。"

现在,我重新拿起封面已经褪色的期刊,重新翻阅着富有诗意、充满睿智的《伽泰》。仿佛闻到泥土和麦子的芳香,闻到绿油油的庄稼和刚出炉的面包所散发的诱人香气。或许《伽泰》的作者——那位善意善行的人,在开始传播上苍的旨意之前,本是一位辛勤劳作的耕耘者,否则,《阿维斯陀》中怎会出现表达耕耘者感激之情的歌谣:

> "哪种行业已为我注定?是谁让我诞生于世?
> 愤怒和残暴使我的灵魂陷入黑暗!
> 造世主啊!
> 除了你以外,我在世间再无庇护者。
> 赐予我幸福的日子和播种者的快乐吧!"
>
> ——《赞颂书》(29—1)
>
> "喂!马兹达!
> 我问你:把骗子和坏人领向宝座,应有什么奖赏?
> 喂!阿胡拉!
> (我问你)不肯劳作、压榨虔诚的农夫和牧人的人,应

有什么惩罚？"

——《赞颂书》(31—15)

　　我的思绪飞向琐罗亚斯德——塔吉克民族的先知，是他创作了不朽的《阿维斯陀》，无论是历史的尘埃，还是战争的火焰所留下的灰烬，都未能湮灭他在世间留下的足迹。

　　琐罗亚斯德生卒年月至今无人知晓。历来有许多琐罗亚斯德教神职人员、智者、哲学家、宗教研究家、历史学家、编年史学家等都探讨过这一问题，并提出过自己的看法和假设，众说纷纭，自相矛盾。

　　如:《本达赫申》《丁卡尔德》《阿尔达维罗佛诺姆》《坦萨拉寄语》等巴列维文献对于琐罗亚斯德的生卒年月都有不同的记载，跨度为 25 至 50 年。

　　阿布莱亨·贝鲁尼在其著作《奥苏尔·乌尔·博基亚》及马苏第在《穆卢蒂斯·扎哈布》中都提出，琐罗亚斯德先知诞生于公元前 660 年，这一观点比较接近事实。历史学家虽然部分观点有分歧，但经过考证确认，琐罗亚斯德诞生时间应在公元前 660 年至公元 1 世纪之间，在世时间为 77 年。①

　　几乎所有专家学者在研究琐罗亚斯德时，都以《阿维斯陀》作为主要参考文献。的确，《阿维斯陀》是包含了人类生活各个方面的伟大的百科全书，其内容涉及人类发展的不同历史时期和不同活动领域。例如，《阿维斯陀》最古老的部分《伽泰》由自白和祝福组成，其成书年代在公元前 12 至公元前 10 世纪，其用语和风格同印度-伊朗古文献《梨俱吠陀》相似。正是如此之大

---

① 参看《塔吉克民族史》，杜尚别，1998 年版，第 1 卷，第 226 页。

的时间和地域跨度,让后期的很多专家学者们感到困惑。《阿维斯陀》的神话传说题材广泛、思想高广,是哲理和智慧永不枯竭的源泉,证明琐罗亚斯德学说极大地超越了先期人类思想,具有深远的意义。正因为《阿维斯陀》涵盖面极广,使得很多专家学者将琐罗亚斯德的出生年月提前或推后,由此产生了意见分歧。

从有关琐罗亚斯德生平的古代和现代文献资料中,找不到任何关于他是否从事过农业劳动的信息。然而,部分学者根据琐罗亚斯德的名字的含义,即"黄色骆驼的拥有者",推断出他曾拥有骆驼和马群。

《阿维斯陀》最古老的章卷之一——《伽泰》(神歌)中的记载是有关琐罗亚斯德生平最翔实的资料。很多有威望的学者认为,《伽泰》出自琐罗亚斯德笔下。的确,文中的叙事方法、修辞和崇高的精神境界都充分证明了这一点。《伽泰》中一些内容为我们提供了先知生活的细节、财产状况等,并描绘了他动荡不安的生活背景。例如,《伽泰》中下面一个片段能回答琐罗亚斯德究竟有没有骆驼和马群的问题:

"喂!阿胡拉!

我问你,请回答我:我应得的奖励——十四母马、十四公马和一头骆驼,怎样会通过乌啼碧送到我手中?"

——《赞颂书》(44—18)①

既然我们的话题涉及骆驼和马匹,我不由得想起,在中亚最

---

① Зардушти Спитамон. Готхо //Садои Шарқ,1989 №9,с.78.

早开始驯养骆驼的恰恰是巴克特里亚人。由此,双峰驼有了广为人知的别名:"布赫骆驼"或"巴克特里亚骆驼"。这一名称本身就说明塔吉克民族畜牧业水平自古已相当发达。巴克特里亚双峰驼与阿拉伯沙漠和北非所驯养的单峰驼相比,更加吃苦耐劳,更符合长途货运的需要。

正是由于这些耐劳的双峰驼,巴克特里亚古国才成为连接埃及、巴比伦和亚述等国商道上的重镇,对文化传播起到了重要作用。贾瓦哈拉尔·尼赫鲁称游牧民族为吃苦耐劳的草原居民,称骆驼为"大漠之舟",并赞誉善跑的骏马和强壮的骆驼是游牧民族的忠实伙伴和最好的帮手。

古时,著名的双峰驼和巴克特里亚骏马在小亚细亚和近东地区广受欢迎。一匹巴克特里亚骏马可以换得十名身强力壮的年轻奴隶。关于著名的巴克特里亚骏马,在后面章节中还会再提到。

亚述人对巴克特里亚双峰驼的钟爱可以从萨拉曼萨尔(公元前9世纪)时期的版画中看出:画面上有一头双峰驼献给亚述国王作厚礼。在此之前,亚述人并不知道双峰驼的存在。编年史称,纳西尔二世统治时期,在巴克特里亚、尼索等地区,尤其是木鹿地区,除了以黄金和白银收取税赋之外,也允许人们用巴克特里亚骏马和双峰驼来缴税。

在强调巴克特里亚骆驼在贸易发展和文化交流中的作用之后,让我们言归正传,继续研讨琐罗亚斯德究竟有没有骆驼和马群的问题。[1] 正如上文所讲,琐罗亚斯德名字的内涵,使人想到

---

[1]　这里指的是琐罗亚斯德问询阿胡拉·马兹达时所讲的话:"阿胡拉,我问你,'曾许诺予以奖赏,后又自食其言的人会得到什么报应?'"

他可能是在巴克特里亚或其边境地区出生。

其实，琐罗亚斯德的名字、出生时间和地点以及他前半生的生活等问题引发了许多争论。大多数研究波斯古经及其文字的专家都认为，琐罗亚斯德的族姓为斯比泰玛，父亲名叫普鲁沙斯帕，居住在巴克特里亚。但也有一些学者认为，琐罗亚斯德生于花剌子模，或阿塞拜疆抑或今日伊朗德黑兰省的雷伊市。这些争论同圣书《阿维斯陀》的诞生地问题也有直接关系。因为琐罗亚斯德出生、成长及传教的地方，就是《阿维斯陀》的诞生地和琐罗亚斯德教传播的发祥地。

阿布莱亨·布鲁尼认为，琐罗亚斯德出生在阿塞拜疆，他在《奥苏尔·乌尔·博基亚》一文中写道："随后，白吐门之子琐罗亚斯德降临了。他的族人是当地贵族和祭司，来自阿塞拜疆人的部落马努且哈儿。他降临在古什托斯普执政的第三十年"。①

当然，学术思索不能人为中断，每一个专家学者都有权经过考证之后做出自己的推断。然而，上述有关琐罗亚斯德诞生地的推论缺乏事实根据。古希腊历史学家克泰夏斯在公元前416至前399年间的17年中曾作为御医服务于波斯帝国的阿尔达希尔二世宫廷，有机会熟读宫廷藏书。克泰夏斯称，琐罗亚斯德是巴克特里亚居民。难以想象，效力于波斯帝国并著有《法尔斯史》的克泰夏斯，如果没有充分证据，怎能强调琐罗亚斯德不是生在伊朗，而是生在巴克特里亚呢？加富罗夫院士在自己的著作中也以克泰夏斯的话为证："自古传说琐罗亚斯德曾生活于巴克特里亚国。这个传说可以在古希腊历史学家克泰夏斯

---

① Абурайҳони Берунӣ. Осор-ул-боқия. Душанбе, 1990, c.220.

（公元前 5 至前 4 世纪）的著作中找到"。①

　　在《阿维斯陀》的《赞颂书》及其他章节中，琐罗亚斯德双亲、亲戚、朋友、同仁和敌人的名字也证明琐罗亚斯德是巴克特里亚居民。据《阿维斯陀》记载，琐罗亚斯德的父亲名叫普鲁沙斯帕，他是"第四位从苏摩草中榨出汁液并制作成圣酒的人"（见《赞颂书》）。

　　在《宗教学科》一书中，琐罗亚斯德的家谱记载如下："其时，有人名普鲁绍斯普，塔皮罗斯普之子，法利东族人。其妻，虔信人杜格度娅，亦法利东族人也。斯其二人，受上帝之命，诞琐罗亚斯德。"②

　　在《赞颂书》《伽泰》和《阿维斯陀》其他章节中，记载有琐罗亚斯德祖先的名字——第四代太祖父哈雅恰托斯普（见《赞颂书》（46—15）），九代太祖——斯比泰蒙（见《赞颂书》（13—114）），也提到其族姓——斯比泰玛（见《赞颂书》（46—15））、追随者姓名，如：古什托斯普、卓摩斯普、法拉舒斯特拉，来自图兰的佛里昂等。据《阿维斯陀》中的启示录和祝福记载，琐罗亚斯德娶了胡娃为妻，胡娃为古什托斯普的大臣法拉舒斯特拉的妹妹或女儿。琐罗亚斯德有三子（伊斯特瓦斯特拉、乌尔瓦塔特那拉、赫瓦列奇特拉）和三女（佛莱妮、忒丽缇、帕乌鲁契斯忒）。其中帕乌鲁契斯忒嫁给了智者卓摩斯普。琐罗亚斯德的表弟名为马蒂乌曼哈，他也是琐罗亚斯德最早的追随者之一。

　　以"斯普"结尾是巴克特里亚人名的特点之一，这种人名在巴克特里亚地区十分流行，在琐罗亚斯德族谱中也可以见到

　　① Ғафуров Б. Тоҷикон.Китоби.1,1998,с.67.

　　② Тарҷумаи ҳол ва оини ахлоқии Зардушт. Душанбе,1996,с.2.

历史倒影中的塔吉克民族（一）

（其中,塔皮罗斯普在 17 世纪才提到①,但琐罗亚斯德的太祖父——哈雅恰托斯普的名字在《阿维斯陀》中就已经出现）。建造巴里黑城、创建巴克特里亚王国的凯扬王朝国王的名字,如:卢赫劳斯普、古什托斯普等都带有同样的特征。因此,琐罗亚斯德族人名字中的词尾"斯普"及琐罗亚斯德本人名字中的"亚斯德"词尾都可以让我们断定,琐罗亚斯德或其祖先来自巴克特里亚国。

《阿维斯陀》所提到的地区、河流、城镇等名称也足以证明《阿维斯陀》诞生于巴克特里亚。例如,在《驱魔书》第一章中,提到了阿胡拉·马兹达创造的有雅利安人居住的 16 个地区的名称:

1.有着辽阔草场的雅利安纳·维迪斯;2.有着丰富牧场的加瓦·粟特,在此地主神创造了所有生物的先祖——雄牛;3.有着抵抗邪恶的诸多勇士的木鹿;4.旌旗招展的巴克哈迪(巴克特里亚);5.拥有生命之水的希拉瓦(赫拉特);6.怀卡利特及其中心城市杜扎克;7.有着繁华的城市和丰饶的牧场的乌尔瓦;8.卡聂普塔及其中心城市维尔卡纳的;9.哈拉凯迪·捷波罗;10.以宝藏著称的海图曼特;11.有诸多城市和智者的拉噶;12.以繁华城市和勇士著称的恰赫拉;13.杀死三头怪的法利东的故乡——四方形德瓦尔纳城;14.土地富饶的哈普特彭德(喷赤城、克什米尔城);15.有着丰富水源的兰哈;16.地域宽广、城市繁华的伊尔瓦德·坎达(见《驱魔书》第一章)。

《阿维斯陀》其他章节还提到花剌子模、徒思(今伊朗图斯)

---

① 需指出,根据威廉·杰克逊所著《古伊朗先知琐罗亚斯德》一书(纽约,1899 年版),塔米罗斯普另有名为帕蒂拉格塔拉伊纳。

等地名,黛琪耶河、哈罗布河(喷赤河)、恰罗布河(努克恰河)、俺都淮河(安达宏河)、达努(锡尔河)、巴鹿霜(巴达赫尚地区名)、那密水(泽拉夫尚河)等河名,帕德赫什瓦尔加尔(瓦罕山)、库明斯(呼罗珊的库米斯山和塔吉克斯坦的吉萨尔山)等山名。几乎所有这些地区及山河都位于今日中亚和阿富汗北部地区。

2500年后的今天,上述地区的名称仍旧可以在现代塔吉克语中找到,虽说其发音已发生了一些变化,如:索格达(粟特)、梅尔瓦(木鹿)、巴克特里亚(薄知国)、赫拉特(哈烈)、罗格(拉噶)、希尔曼德等。这是地理观的形成和琐罗亚斯德教传播的证明。由于琐罗亚斯德教的诞生、发展和巩固都以巴克特里亚首都——巴里黑为起点,琐罗亚斯德的降临也发生在此地,其学说也在古什托斯普的宫廷中首先获得了支持,因此,加富罗夫院士指出:"旌旗飘扬的巴克特里亚很可能是琐罗亚斯德教最早开始广为传播的地区之一"。①

《阿维斯陀》文本、巴列维语文献、各历史书籍和编年史,均将琐罗亚斯德的降临和《阿维斯陀》的编撰与巴里黑及古什托斯普在位时期联系在一起。关于琐罗亚斯德教的传播,伟大作家菲尔多西在《列王纪》中也有描述。

既然有数百种文献描述了琐罗亚斯德降临巴里黑、琐罗亚斯德教在古什托斯普宫廷获得承认和崇高地位、琐罗亚斯德作为先知和宗教奠基者的地位最后确立以及《阿维斯陀》圣书在此地诞生等情况,那么就没有任何必要将这位属于巴克特里亚民族、讲巴克特里亚语的伟人的故乡挪至他处,并将他的英名硬

---

① Ғафуров Б. Точикон. Китоби.1,1998,c.71.

是同阿塞拜疆或者雷伊（今伊朗德黑兰省的沙赫尔雷伊市）联系在一起。例如，今日阿富汗昆都士省有名为罗格的地区（古称遏换城的活国），此名自古已有，但有些欧洲的东方学家们却错误地认为，它就是今日伊朗的沙赫尔雷伊。

古代米底国（其疆域当时包括法尔斯省和阿塞拜疆）是在一些部落联盟的基础上建立起来的，对此希罗多德有记载。这一点可以成为第四条证明。这位伟大的《历史》之父称，古时候米底人分为六个部落：布斯、帕莱侃、斯特卢汉、亚利桑德、布迪和穆吉。有关学者认为，在上述六个部落中，只有亚利桑德同雅利安人有某些共同之处。

小罐（希腊巴克特里亚时期）

研究米底历史的著名学者 И.М.基亚科诺夫和 И.阿利耶夫认为，头戴尖顶战盔的雅利安人骑乘着骏马从中亚来到米底，随后定居于法尔斯及其周边地区。亚利桑德部落的名称来自"阿尔纳"一语，意即"上帝的公正"，该部落的语言与雅利安语系接近。

基亚科诺夫认为,来自中亚地区的雅利安民族,从其语言和居住地域来看,同此前居住在米底境内的帕尔苏(法尔斯)部落没有任何共同之处。对此,基亚科诺夫在其巨著《米底史》中有以下阐述:"在此之前,我们提到过 Pansya 和 Pansana 带有'周边区域'和'边疆区域'的意思。帕尔苏国所在区域同亚述帕西喇那拉时期文献中记载的札木国南部相同……需要指出的是,与常见看法相反,帕尔苏和波斯之间的共同之处仅仅在于其名称都带有'边疆区域'的意思,因此,没有任何理由相信帕尔苏是波斯人的发源地,也不能说波斯人于公元前 8 至公元前 7 世纪之间离开了这一地区"。①

最后一个证明是圣书《阿维斯陀》文体和语言以及阿维斯陀语的传播,这些事实能澄清不少问题。加富罗夫认为:"阿维斯陀语的某些特点,尤其是《伽泰》中出现的方言,同东伊朗语言相同"②。

阿维斯陀语早已不被使用,已成为历史语言。其原先使用地区虽不十分清楚,但许多专家学者都认为,其传播范围应该在巴克特里亚和木鹿等地。著名的波斯古经学者 Ф.阿尔特海姆对喀布尔地区发现的"普利·达鲁特"("达鲁特桥")文字进行了研究,并做出结论,称阿维斯陀语曾经在巴克特里亚广泛使用。尔后,著名的东方学家 Е.Э.别尔特尔斯根据相关发现,也对阿尔特海姆的观点表示了同意。别尔特尔斯认为,阿维斯陀语在雨季湖区,也就是巴里黑东部及木鹿西北部流传甚广。因

---

① И.М.基亚科诺夫著:《米底史》,莫斯科,1956 年版,第 167 页。
② Ғафуров Б. Тоҷикон. Китоби 1, с.67.

此，有不少专家将阿维斯陀语称为古巴克特里亚语。其后，在大夏国（公元前4至前2世纪）昌盛时期，尤其是在贵霜王朝时期（公元前3至前2世纪），巴克特里亚语逐渐摆脱了阿维斯陀语的影响，放弃其复杂的语法等成分，但不能用这一点来否定阿维斯陀语在巴克特里亚各地区曾广泛传播的事实。换言之，巴克特里亚应被视为琐罗亚斯德教的发源地，因为《阿维斯陀》正是在这一地区开始用文字记载并被尊崇为圣书的。

"波斯古经学者将阿维斯陀语划归为东伊朗语系，也就是塔吉克人的祖先，如：粟特人、花剌子模人及塞克人的语言。因此可以认为，雅利安人的故乡和琐罗亚斯德的故乡也正是这一地区。正像《驱魔书》中记载的那样，琐罗亚斯德·斯皮塔蒙出生在浩瀚的大辽丁河地区。据另一章节记载，琐罗亚斯德父亲的宅邸位于哒烈河边。《驱魔书》以及第五首赞颂中称，琐罗亚斯德在礼拜神明并从这条河边取水的时候，有天使巴赫曼降临，告知其将成为先知。我们认为，此事发生在瓦罕神庙附近，因为，瓦罕神庙位于大辽丁河一带。在此地，琐罗亚斯德·斯皮塔蒙遇见了以巴赫曼面貌出现的被光环围绕的主神阿胡拉·马兹达，随即，琐罗亚斯德便有了预知未来的能力。"①

最后，让我补充几句：无论是琐罗亚斯德学说的摇篮、第一次宣传神圣教义的讲台，还是圣书《阿维斯陀》的故乡，都指的是瓦赫什河畔的巴里黑和巴克特里亚，这里有著书立说、创造颂

---

① Якубшоҳ Ю. Тоҷикон. Душанбе, 1994, c.9–10.

歌、劝人行善的良好土壤。

　　"那些认为琐罗亚斯德的故乡是西伊朗（法尔斯省和
米底）的波斯古经学家实在让我吃惊。琐罗亚斯德假如出
生在米底，长大学成、开始传教后，因没有被家乡人接受而
遭到排挤，被迫逃往巴克特里亚或者东伊朗，并在那里完成
《伽泰》的写作，那么他怎么可能一次也没有提到西伊朗各
省的名称，也没有提及米底国和法尔斯国国王的名字？为
什么《伽泰》使用的是东伊朗方言，而不是西伊朗方言？琐
罗亚斯德怎么可能用如此短的时间掌握东伊朗方言，并用
它来写作不朽的圣书？由此可见，那些认为琐罗亚斯德的
故乡是西伊朗的学者是没有任何根据的。"①

　　人类历史充分证明，伟大的创造往往会比其创造者更具生
命力。从这一角度，《阿维斯陀》及其创造者琐罗亚斯德先知使
我想起了《列王纪》及其作者菲尔多西。菲尔多西搜集了巴列
维文献中的神话传说、英雄史诗等，并将其融为一体，创造了伟
大的作品；琐罗亚斯德也同样重新审视了前人的宗教学说，并根
据时代的需要将其系统化，写作了不朽的《阿维斯陀》。

　　新的宗教信仰不会凭空产生，需要一定的土壤和支持它的
力量，才能产生、巩固和发展。从这一点来说，将琐罗亚斯德教
看作全新的宗教，不去结合前期宗教学说进行研究，是不正确
的。琐罗亚斯德创造性地审视了此前的学说，并创造了符合时
代要求的新学说，开始传播一神教。

---

　　①　Якубшоҳ Ю. Зардушт // Маърифат, 1996, №3–4, c.24–25.

阿布莱亨·贝鲁尼在《先祖遗训》(《奥苏尔·乌尔·博基亚》)中写道:"一些选择巴里黑作为自己居住地的俾什达迪王公和凯扬王公们,在古什托斯普执政的第三十年,还在崇拜日、月、星辰及其他天体"。①

琐罗亚斯德教出现之前,在巴里黑有其他信仰存在,尔后才让位于琐罗亚斯德的学说。伊本·巴尔黑在《波斯古事记》中也曾经提到这一事实:"英明的琐罗亚斯德在古什托斯普在位期间降临,给人们带来了琐罗亚斯德教,在此之前,则有崇拜偶像的传统。起初,古什托斯普并未接受琐罗亚斯德的学说,然而,在后来,当古什托斯普接受了琐罗亚斯德教教义之后,在他面前展现了《詹德》一书的睿智。此书,用金字镌刻在 12000 张牛皮上……第一座寺庙建造于巴里黑,第二座建造于阿塞拜疆的巴寨斯,第三座在伊朗的伊斯泰赫尔。自此,古什托斯普下令在全国各地建造琐罗亚斯德教神庙,皈依琐罗亚斯德创立的琐罗亚斯德教"。②

据编年史记述,预知未来的能力是琐罗亚斯德成年之后才拥有的。在此之前,琐罗亚斯德不断祈祷,敬奉神明,严格持斋茹素。在获得预知未来的神力之前,他有幸同阿胡拉·马兹达的追随者巴赫曼天使交谈。《宗教学科》一书对这一情节有如下描写:斯日,被后人称为白衣吉卜力尔——伟大的天使巴赫曼从天降临……天使询问琐罗亚斯德的姓名后说:"你想得到什么?"琐罗亚斯德回答:"除了神明的许可,我别无所求。"于是,天使巴赫曼说:"起身迎接神明吧。向神明祈求所想,神明仁悯

---

① Абурайҳон Беруни. Осор-ул-боқия.Душанбе,1990,с.53-54.
② 见《波斯古事记》,杜尚别,1990 年,第 53—54 页。

的意志会使你得到回答。"听完天使的话语,琐罗亚斯德起身,并遵照天使巴赫曼的指示闭上了眼睛,当他睁开双眼的时候,发现自己身披万道霞光。

琐罗亚斯德蒙受了神祇,祈求神明赐予他辨别善恶、了解世界的始末及其后果的能力。

神明赐予琐罗亚斯德有关天上星宿及其吉凶征兆的知识,让他知晓人世一切奥秘。从此,琐罗亚斯德便明了从创始至世末的一切一切。①

据有关巴列维语资料及其他一些历史文献和文学作品,琐罗亚斯德的降临同伊斯兰教先知穆罕默德的故事有某些相似之处。根据伊斯兰教的宗教著作的论述,穆罕默德曾经到过彼岸世界,从与真主的交谈中了解了九万九千种智慧和世界的奥秘。毫无疑问,琐罗亚斯德蒙受圣恩及其他许多《阿维斯陀》中的情节后来被移植到伊斯兰教中,进一步加强了《古兰经》从善敬神的观念。

琐罗亚斯德先知降临时,巴克特里亚各民族中盛行对于日、月、火、星辰及各种动物和偶像的崇拜。每个部落都有自己的神明,构成部落间相互残杀的起因之一;每个部落都独尊自己的偶像,蔑视其他部落的崇拜对象。结束部落间的残杀和仇恨,统一同源同语部落,共同抵抗共同敌人——塞克人的侵犯,已成为历史的需要。

一神教的传播的目的,首先是迎合统一雅利安民族的需要,将其农业、畜牧业、手工业、商贸等提高到新的水平,加速其发展。琐罗亚斯德传教时,将阿胡拉·马兹达描绘为各民

---

① Тарҷумаиҳол ва оини ахлоқии Зардушт. Душанбе, 1996, с.6–7.

族的庇护者和领路人,掌管世间所有动物和植物、法力无边的神明。"阿胡拉·马兹达"之一来自"阿胡拉",即"引路人","马兹达"则为"智者",全名的含义就是"智慧的引路人"。在琐罗亚斯德学说中,阿胡拉·马兹达是万善的创世者,与恶神阿赫里曼处在无尽的斗争中。阿赫里曼的形象同伊斯兰教中的恶魔易卜劣斯的形象大同小异。《阿维斯陀》中,阿赫里曼的名字以"安哥拉·曼纽"的形式出现,其含义是"具有邪恶思想者"。

上文已讲到,《驱魔书》中提及阿胡拉·马兹达创造的十六个国家的名称,其中第一个国家是雅利安纳·维迪斯。阿胡拉·马兹达将善良之种撒向这片土地,赐予人们幸福的生活。世界上第一位掌管人类和动物的是仙王詹姆希德。他主管世间生灵时,人间没有寒冷酷暑,没有病痛和死亡,也没有邪恶和残忍。人类和动物数量激增,感觉世界已变得狭小。

《驱魔书》第三章歌颂了农业和收割。在农业和畜牧业发

陶器(公元前2世纪至公元2世纪)

达的地区,人们生活富足,房屋宽敞,子孙健康,安居乐业。播种和耕作被看作是人类最崇高的事业,有助于人们战胜灵怪。

但是,恶魔阿赫里曼不能容忍人们的幸福生活,他将恶灵、虫蛇、衰老、病痛、寒冬撒向那片美丽的国土。阿赫里曼的帮凶们试图使人类误入歧途,挑拨离间,让人们互相憎恨。善恶之间的交锋,以及光明最终战胜黑暗的预言成为琐罗亚斯德学说的主题。

琐罗亚斯德教禁止亵渎火、水、土壤和空气等神圣的基原。上文已讲到,琐罗亚斯德教教徒死后不能土葬,以免污染大地。因为病痛和死亡来自阿赫里曼,所以神圣的基原需要受到保护,免遭恶魔的侵害。火被当作光明的象征而受到崇拜,神庙中圣火长明,令一些学者认定,琐罗亚斯德教同拜火教毫无区别。保护火源的纯净、对火的崇拜,的确是琐罗亚斯德教的重要组成部分,也让我们牢记迫使雅利安人迁移的寒冷和黑暗,正是在这个时候,他们获得了伟大的启示。

"考古学的研究和发现证明,雅利安人对太阳和火的崇拜同雅利安人原故土上的黑暗和寒冷有关。雅利安人将太阳和火视作救星,把太阳和火神化,其主导思想是:温暖是生活的基本条件。其他民族对现实世界的类似唯物认知,要在更晚些的时期才产生。而数千年前的雅利安人就已经懂得阳光对于地球生命的重要性。因此,土、水、火和空气便被琐罗亚斯德教视作四个基原。"①

---

① Якубшоҳ Ю. Тоҷикон. Душанбе, 1994, с.8.

对于火的神化和崇拜善神阿胡拉·马兹达的传统,在米底王国和中亚诸国(如巴克特里亚、花剌子模、粟特、木鹿等),在琐罗亚斯德教出现之前便已经存在。然而,在当时,阿胡拉·马兹达还并未成为唯一的最高神明和万物的创造者。其他庇护王权和王位的神明也同阿胡拉·马兹达一样受到崇拜。琐罗亚斯德学说则在众神和天使中突出了阿胡拉·马兹达的地位,最终将其奉为琐罗亚斯德教的唯一神祇。二元论抑或对以阿胡拉·马兹达和阿赫里曼为化身的善与恶、真实与谎言、光明与黑暗的崇拜,在琐罗亚斯德学说中获得了新的含义,将最终胜利归于至上神明阿胡拉·马兹达。

需要补充说明的是,在"胡麻"塞克人(即"尊崇苏摩酒的人")当中盛行的饮用神明之酒——苏摩酒的风俗,却遭到琐罗亚斯德教义的禁止。据有关资料表明,在进行祭神仪式之前,信徒们将苏摩汁液同鲜奶混合,制作令人兴奋的饮料,饮用后才开始行祭礼、屠宰牲畜、准备祭品等,有时祭祀用的牲畜数量可达到百余头。加富罗夫指出:"在传统风俗方面,琐罗亚斯德禁止在祭祀仪式中屠宰牲畜和饮用苏摩酒,他所传播的仅仅是火的神圣意义。火被视为神圣的公正'阿尔特'的象征。对火的崇拜和火庙的建造成为琐罗亚斯德教的一大特征。禁止屠宰牲畜以祭祀神明,与琐罗亚斯德教义的社会内涵有直接关系。"[1]

人类历史上,由琐罗亚斯德第一次将道德价值以宗教形式展现出来,并宣布为生活之本,凝练了琐罗亚斯德教的基本教义,即善思、善言、善行。德国哲学家弗里德里希·威廉·尼采

---

[1]　Ғафуров Б. Тоҷикон. Китоби 1,1998,c.83.

将琐罗亚斯德誉为"最诚实、最正直的思想家"。①

　　琐罗亚斯德认为，人终其一生只有两条道路可以选择：一条是辉煌灿烂、永恒的阿胡拉·马兹达庇护下的光荣善道，另一条是残忍的阿赫里曼统治下的无耻邪恶之路。人类有权利在上述两条道路中任意选择一条，从而成为善与恶、光明与黑暗、诚实与谎言之间的选择者。当人的灵魂到达冥界之后，人类一生的所作所为将被放置在阿胡拉·马兹达宝座前的公正天平上，并得到应有的报应。

　　　　"喂！人们啊！

　　　　你们无法看到并选择正义之路，阿胡拉·马兹达将我任命为审判官，以划分崇拜阿胡拉·马兹达和信仰灵怪之人群。阿胡拉·马兹达令我出现在你们面前，并让我给你们指引出正义之路，让你们相信正教。

　　　　阿胡拉·马兹达知道我，同时也为我正教作证"。②
　　（见《赞颂书》(31-2)）

　　伟大的印度思想家、文学家、诗人罗宾德拉纳特·泰戈尔非常尊敬琐罗亚斯德和琐罗亚斯德教的恒久教义。为赞颂这位伟大的真实与公正的先知，泰戈尔写道："在人类历史上，琐罗亚斯德是第一个将宗教上升至道德高度的人。琐罗亚斯德是世界历史上第一位用自己的学说将人类从沉重的仪式桎梏中解放出

① Нитсше Ф. Чунин гуфт Зардушт. Садои Шарқ,1991,№1,c.52.
② Садои Шарқ,1989,c.67,72-73.

来的先知。"①

在随后的历史进程中,琐罗亚斯德所创立的琐罗亚斯德教开始在东方和西方许多国家广泛传播,对于哲学、宗教和道德观的发展起到了重要作用,并在世界的各个角落都找到了追随者。

> "波斯第一帝国时期,在中亚地区产生的琐罗亚斯德教开始在伊朗发展,尔后又进一步向西传播,最终(在阿拉伯人占领伊朗和中亚之前)成为伊朗人的国教。公元前5世纪之前,在埃及的孟菲斯城就有伊朗神明密特拉的神庙。罗马帝国时期,对密特拉的崇拜普及到许多地区,其影响甚至波及不列颠群岛⋯⋯
>
> 古希腊学者们对琐罗亚斯德教知之甚深,并著有不少相关学术著作。例如,亚里士多德撰写了关于祭司的专著,可惜仅有个别片段流传到今天。还有许多其他古希腊哲学家,如普鲁塔克、第欧根尼·拉尔修等,都著有关于琐罗亚斯德教的书籍和论文。克桑托斯、斐洛、贝罗索斯等历史学家也在自己的著述中提到过琐罗亚斯德教。琐罗亚斯德教的基本教条无疑对古希腊哲学系统产生了一定影响。"②

琐罗亚斯德的学说为整个人类指明了一条新的发展道路。确立一神教有助于消除各民族、各部落间的矛盾,使其走向统一。一神教提出了建立统一国家的思想,为农业、手工业和商贸的发展奠定了基础。

---

① Абдулло Ф. Ифтихори миллӣ чист? // Суруш.1997,№2.

② Ғафуров Б. Тоҷикон. Китоби 1,1998,с.113.

每日五次的行时礼风俗也起源于琐罗亚斯德时期。波斯古经研究者称，琐罗亚斯德对太阳和火的崇拜礼仪引入了新的内容（如大小净、保持礼拜堂整洁等等），并号召自己的信徒保持身体和心灵的纯净。

因此，"他的追随者开始每日五次行时礼。由此也可以推测，伊斯兰教的奠基人创造性地采用了这一礼仪"。[①]

最后，应该指出，琐罗亚斯德教的许多教规，如不得污染水源、土壤与火，禁止宰杀怀胎的牲畜，禁止砍伐开花期的树木，应焚香除秽等保留至今，在每一个塔吉克人身上呈现出琐罗亚斯德神圣学说的烙印。我相信，在新的第三个千年里，先知琐罗亚斯德将依然是塔吉克民族的导师和引路人。

---

① Чамшедов П. Чилои оини Зардушт.// Садои Шарқ, 1991, №9, с. 113.

第六章 "男子汉"的翅膀,
坚不可摧的国家支柱

　　小时候,我认识了一位男子,他对马匹有特殊爱好,并对马的习性等十分了解。他拥有一匹额头有印记、长着一双俏皮眼睛的高头大马。这匹马刚刚降生之后,这位男子便开始驯养它,并像传说中的路斯坦一样给它起名为拉赫什。小马驹深深地喜欢自己的主人,和他形影不离,有时连续几个小时一直站在门前等候主人出来。主人从不将马驹拴起来,也不用马具禁锢它。只要主人喊一声:"拉赫什",小马驹无论身处多远,都会飞奔回到主人身边。当秋天来临时,主人骑上小马,赶往附近的山坡,训练奔跑。我们非常喜欢观摩这种训练,注视着主人怎样用马刺、拍打或不同声音,让小马忽而慢跑,忽而飞速向前。

　　拉赫什虽小,但在第一次参加叼羊节的活动时,便已表现十分出色。当主人俯身拾取地上的山羊时,拉赫什也微微下俯,而后载着主人把所有骑手远远甩在后面,第一个冲到了终点。拉赫什的主人原来不是著名的骑手,有了这匹马之后,却在每次叼羊节2—3场比赛中都能获得冠军。越来越多的人对拉赫什表现出购买意愿。有一位买主甚至提出,用一辆"伏尔加"牌小轿车来换取拉赫什。然而,拉赫什的主人没有同意,他拒绝说,即使用十辆轿车来换,他也绝不答应。

　　几年以后,当时的苏联领导人尼基塔·赫鲁晓夫下令没收私人马匹。人们被迫以极低的价格将自己驯养的骏马上缴国家。听说，马匹拉走后，就被送往屠宰场，冷冻在巨大的冰柜里。此时，拉赫什的主人连带他的爱马一起，突然失踪了。区里派来的干部每周都到他家来查询，但找不到马，也见不到主人，每每扫兴而归。最后，有可能是因为上缴马肉的计划没有完成，或者是该男子的不服激怒了区领导，区领导派出了一个骑马小分队，四处寻找这位固执的人和他的拉赫什，最终，连人带马一起落网。当拉赫什被拉上了车，主人抱头大哭，这一惨景实在叫人悲伤万分。

马被强行拉走，主人则离开家乡去寻找公正。我不知道他去了哪些单位，找了哪些领导，但是从此以后，我们再也没有看到他的笑容，只听说他经常一人在山岗上徘徊，大声哭泣。

打着为人民提供更多肉食等旗号、开展没收马匹运动的年代已一去不复返，但是直到今天，拉赫什被拉上车时的嘶鸣和男人撕心裂肺的哭喊仍旧回响在我的耳边。

多年来，我一直在试图探寻塔吉克人对于马匹的至深感情的原因。我亲眼见过，人们不顾各种威胁和禁令，想方设法私下饲养母马和小马驹。违背我们生活习俗的上级命令因难以贯彻，不久便失效。随后，骏马又重新回到塔吉克家庭和生活之中。然而，这个恐怖的命令及其悲剧性后果给塔吉克人的心灵所造成的创伤至今也没有愈合。

塔吉克民族的生活，假如离开了骏马和劳役牲畜，那是不可想象的。古时候，老人们常说：骏马、贤妻是男人的双翼。这条充满深意的谚语之所以能够出现，是因为几千年来，骏马一直是塔吉克人的亲密朋友和忠实的助手。每当敌人来进犯，英勇战士要骑上骏马，奔赴战场，浴血奋战，保卫自由、独立和祖国的每一寸疆土。战场上,战马雷鸣般的嘶鸣和斧铖钩叉的铿锵之声、战士们的怒吼声汇在一起。

对祖先的无畏及其英雄气魄,由菲尔多西在不朽的诗作《列王纪》中作了激动人心的描述,使人感到,战马同将士们一起为保卫祖国而英勇战斗。正如谚语所说,战马是战士的"翅膀",也是农民的助手,同时也是国家稳定、和平与兴盛的象征。

培育著名的巴克特里亚骏马对国家安定和发展起到了重要作用,不亚于古希腊人与腓尼基人建造远洋帆船,推动航海、国家建设和文化发展所起的作用。巴克特里亚骏马成为骑兵部队的基础,动用骑兵,又促进了武器装备的改良和战术的发展。加富罗夫认为,公元前 1 世纪,中亚和欧亚草原上的标准士兵是这样的:他身披重铠、手持长矛、头戴战盔,骑在全身披甲的战马上。后来,这类装备流传到伊朗和西亚。公元前 5 世纪末许多古文献对此都有相关描写。

巴克特里亚骏马在巴克特里亚国家史中的作用重大,有了它们,巴克特里亚的疆域才得以巩固,周边国家被征服,外来侵略者被赶走。强大的骑兵部队在进攻和防守方面起到了最有效的战略作用。有了巴克特里亚骏马,远征军才能够到达边疆。巴克特里亚古国本处于征战不断的地区,有了巴克特里亚骏马,才得以抵御敌人的进犯。也正是巴克特里亚骏马保证了本国经济、贸易和国家的发展与巩固,使得薄知国(即巴克特里亚)与古埃及、巴比伦、亚述等强国同伍。巴克特里亚骏马还将青金石之路及其他一些古商道同东方和西方连接在一起。巴克特里亚骏马出现在战场上,也促进了战争史上一种新战术,即"闪电战术"的诞生。

加富罗夫院士指出:"在中亚,历史上将部队按照兵种加以划分。每个阵列都独自排兵列队,在进攻过程中,阵列可以机动地改变队形,这就构成了强大的打击力量。同时,也有另外一种制敌战术——战略撤退:骑兵队伍在进攻过程中突然改变方向,转为撤退,并采用闪电战术,从另一个侧翼给敌人以致命性打击。总而言之,在战场上由先头部队——骑兵洪水般地冲向敌人,遇到敌人长矛、弓箭的近距离抵抗后,再改为步兵冲锋。随后,两军相接,展开肉搏,敌人败退时,必定会遭受追击。在关键时刻,也会调动后备部队。

古文献对塞克人的战术称赞有加,古希腊人在与波斯人作战时,曾深受其苦。其后,亚历山大大帝也多次尝到了苦果,尤其是在高加美拉战役中,巴克特里亚和塞克军队曾轻易击退了他的先锋部队"。①

巴克特里亚和粟特的骑兵不断地发掘新的进攻与防守战术,其高超的作战艺术在亚历山大大帝东征时得到充分发挥。当时,塔吉克民族英雄斯皮塔蒙引领着 600 人的队伍,在巴克特里亚和粟特边境昼夜不停地袭扰亚历山大大帝的军营(后来塔吉克最高军功勋章被命名为斯皮塔蒙勋章)。亚历山大大帝采取了一系列措施,以防止斯皮塔蒙部队的来袭,如处决反抗者、建造军事设施和防守设施,但是这些努力最终没有取得任何效果。巴克特里亚和粟特的战士骑着如飞的战马,仍旧无时无刻不在闪电般地突袭亚历山大大帝的重装大军。

需要指出,亚历山大大帝经过人类历史上的三大著名战役(格拉尼库斯战役、伊苏斯战役和高加美拉战役)后,在短短的四年中占领了波斯帝国、古埃及、巴比伦、亚述、腓尼基和小亚细

---

① Ғафуров Б. Точикон. Душанбе,1998,Китоби 1,c.124-125.

亚几乎全部地区,并轻易地攻下不可战胜的阿契美尼德王国首都——波斯波利斯及其他大城市,但是,在巴克特里亚和粟特边境,他则遇到了未曾预料的顽强抵抗。为了征服这些地区的飞骑军,他不得不流血奋战,总共花费了四年时间。在当时,波斯帝国共有 21 个总督辖地(即省份),而粟特和巴克特里亚两国加在一起,也不到一个埃及省的面积。可见,巴克特里亚骏马在历史上一直陪伴着塔吉克人,并分担着塔吉克民族的命运。

　　巴克特里亚骏马是世界上最古老的军马和劳役家畜之一,我国祖先从远古时期就开始驯化和饲养它们。关于巴克特里亚骏马的出现时期及其发展和进化的资料,我们掌握得并不多,但我们还是可以凭借历史学家、编年史学家、旅行家、目击者的描述以及留存到今天的绘画、岩画、铭文、出土文物等,试图弄清一些情况。

马车模型

在古巴克特里亚从事驯养和培育新的军马品种被视为极其高尚的职业。塔吉克民族对骏马的喜爱在《阿维斯陀》中也有所体现,例如:世间动物的庇护神名为古殊鲁纳,骏马的庇护神名为达沃诺斯普,后者受到人们特别的崇敬。

雅利安人称骏马为"上帝的物种"。《阿维斯陀》写道:为了让马群的庇护神开心,神话中的勇士们经常将成百上千的牛羊献祭给他。这样的祭祀仪式,每年都在固定的日子里在高山的山脚下进行,官贵云集。祭祀仪式结束后,要举办规模庞大的马术比赛。

据有关学者和养马专家的研究,早在四五千年前,巴克特里亚、粟特和花刺子模地区就开始驯养马匹。这一行业的传统同雅利安部落的古老习俗、神话传说和宗教仪式相互交织在一起,代代相传。

俾什达迪王朝和凯扬王朝的诸多国王的名字,如加尔硕斯普、鲁赫罗斯普、古什托斯普、阿尔卓斯普、卓摩斯普等,都带有"斯普"的词尾,而"奥斯普"(阿斯普)则是"马匹"的意思。菲尔多西在《列王纪》中以优美的诗句歌颂了战马拉赫什的丰功伟绩,讲述了鲁斯塔姆、西亚武什、霍斯劳等勇士和君主们是如何培育优良品种的骏马等故事。

菲尔多西尤为详细和充满激情地描写了鲁斯塔姆及其宝马良驹拉赫什。行行诗句展现出一幅幅色彩斑斓的画面,让人仿佛身处宫廷的豪华筵宴或者遥远壮烈的沙场。已故的索蒂玛·乌鲁格扎德在解读《列王纪》时,对骏马在我国祖先生活中的重要意义做了有声有色的描述:

扎布里斯坦的骏马数量很多,但当时从卡布里斯坦也赶来一群马匹,并让鲁斯塔姆挑选。这群马匹身上都有君王和贵胄的烙印。当鲁斯塔姆用手按压马背的时候,这些马的马背都会弯曲,马肚子几乎碰到了地面。没有一匹马能够承受鲁斯塔姆之手的压力。最后,一匹胸背宽阔、腰部纤细的母马被带到了鲁斯塔姆面前,它的耳朵像两把匕首一样支棱着,它不停地抖动着浓密的鬃毛,大声嘶叫。母马后面跟着一匹同它个头相仿的小马驹。

鲁斯塔姆刚想把缰绳套在小马驹的脖颈上,有一位年迈的马倌却阻止他说:"大人,请不要套它,它的母亲会十分愤怒。"

鲁斯塔姆勇士还是把小马驹拉过来,仔细打量,发现马驹身上没有烙印,便问:"这是谁的马? 为什么胯部没有烙印?"

老马倌答道:"大人不用费心寻找烙印。有关这对母马马驹众说纷纭,却无人确切知道它们的来历,也不晓得它们如何混进马群。小马驹已经三岁了。谁是它的主人,我也不清楚。我们给小马驹起名为拉赫什。母马一旦看到有人想套马驹,便会像母狮一样扑过去保护。这里面看来有什么奥秘。大人还是防着点为好,不要惹它生气。它要是被激怒,便会猛然袭击咬人。不用说人,连老虎的心和肝都能掏出来"。

面临危险,鲁斯塔姆总会热血沸腾,不畏艰险,迎头而上。此时,他毫不犹豫,将绳子套在小马驹脖颈上。母马立刻嘶叫起来,想冲向鲁斯塔姆。鲁斯塔姆也像雄狮般大喝一声,照着母马的头就是一拳。母马浑身颤抖,倒在地上,但随即回过神站起来,跑回马群。鲁斯塔姆将小马驹拉过来，用力按压它的背，小马驹的后背却仍旧挺直着。"这才是我的宝马良驹"——鲁斯塔姆想到，便飞身骑上了小马驹。小马驹用后蹄立起，想把鲁斯塔姆甩掉，全然徒劳。

"这哪里是马啊，这是蛟龙！"鲁斯塔姆高兴地喊道。接着询问马倌："这匹马值多少钱？多少钱你能卖？"

"鲁斯塔姆大人，这匹马的价值是整个伊朗之价。但你是勇士，就把它带走吧！你和它足以决定全伊朗的命运！"老马倌答道。①

古文献中，对鲁斯塔姆的拉赫什、西亚武什的黑马、库斯老二世的沙伯迪斯等骏马以及它们的金马镫、金镫骨、马鞍等华丽装饰都有详细描绘；带着猎犬、猎鹰、豹子等骑狩场面栩栩如生；还描写了骏马降生的境况，这些都说明我国祖先，从君主到平民百姓，都对骏马有特殊的喜爱和崇敬。

仅是《列王纪》中有关马鞍、马套、养马、驯马等专名，就可以占据很大篇幅，这些来自数千年前的古语今天也依然如同音乐般娓娓动听。

神话传说、古文献、编年史都确认巴克特里亚、吐火罗和胡塔伦等地是善跑、敏捷、强壮、俊朗的纯血马的故乡。巴比伦和亚述古国的编年史、中国的旅行家和使节、阿拉伯的见证者，都为敏捷、善跑的巴克特里亚骏马而赞叹不已。

事实上，无论是吐火罗马还是胡塔伦马，都来自一个马种，出名时间较晚，是在古巴克特里亚疆域出现了吐火罗国和胡塔

---

① Достонҳои Шоҳнома. Нигориши С. Улуғзода. Душанбе, 1976, Китоби1, c.101-104.

伦国之后。研究巴克特里亚历史的专家认为，胡塔伦、卡博颠、吉萨尔、铁尔梅兹、瓦什基尔德、巴达赫尚、粟特、撒马尔罕、布哈拉、木鹿、徒思、尼莎普尔、萨拉哈斯等地区都一度属于巴克特里亚古国（此后，还有呼罗珊和马维连纳赫尔也被并入巴克特里亚版图），其后的历史上，时而分裂，时而合并。巴克特里亚的中心一直是巴里黑、胡塔伦和卡博颠。

毋庸置疑，自从雅利安人移居此地，骏马的繁殖和驯养从未中断，衍生出新的优良品种，被冠以巴克特里亚骏马的美名。

古代作者将这些马匹称之为"天马"或"水马"，以此来形容它们的神圣的力量。上文已提到，这些骏马还有"飞马"的称号。古人相信，骏马如此的神速归因为人眼看不见的翅膀。下面，让我们引用来自不同语言、不同信仰的编年史作者所记述的文字资料，探寻一下鲁斯塔姆的骏马——拉赫什的来历。

虽然菲尔多西并没有清楚地讲述拉赫什的来历，但是我们可以推断，这个秘密的答案可在描绘纯种骏马驯养过程的神话传说中去寻找。这些神话传说至今留存在塔吉克人的记忆中。在巴达赫尚、哈特隆、卡博颠、那密水一带，人们仍旧在讲述着有关神圣的"水马"的故事，体现了人民对纯种骏马的喜爱和对这种高雅动物的崇敬心情。传说称，国王马群中的一匹母马在河边饮水时，遇到了水中的精灵——水马，交配后，诞下了一匹奔跑极快、外形俊朗的小马驹。

另有一些古文献和巴赫拉马·伊本·潘度（公元 12 世纪）的《琐罗亚斯德记》记载了琐罗亚斯德为古什托斯普的骏马治病的故事。在此，我们想引用克什米尔的佛尼所著的《宗教学科》中的一个片段，其中讲述了巴里黑国王古什托斯普对"黑马"的厚爱如何推动他接受了琐罗亚斯德学说的故事：

据说，古什托斯普有匹每次征战都要骑乘的骏马——名为"黑马"。

有一天，马倌看到黑马匍匐在马厩里，前腿和后腿都缩进肚子里。马倌慌忙向国王报告。国王下令将所有的兽医、骨科大夫、游方医师、牲畜接生医师、巫师以及阿訇、学者等人，都统统召集起来，命令他们想办法医治黑马的怪病。然而，看着黑马，这些人都面面相觑，束手无策。

那一天，自凌晨至晚时礼，琐罗亚斯德粒米未进。晚时礼后，仆人将食物拿来给琐罗亚斯德，并向他讲述了白天的奇闻。

琐罗亚斯德告诉仆人："请你拜见国王，并转告，明天凌晨我将找出病症的根源。"第二天，国王古什托斯普命令仆人将琐罗亚斯德带来。古什托斯普让琐罗亚斯德坐在自己身边，并命令他将黑马的怪病治好。

琐罗亚斯德答道："如果陛下答应我四个条件，并永不反悔，那么我就可以治愈陛下的黑马。"国王说："准奏，你说说你的条件吧。"于是琐罗亚斯德说："陛下，请您心口如一地承认并尊崇我为先知和上帝的使者。"古什托斯普同意了。

然后，琐罗亚斯德轻轻地抚摸了黑马的右侧，黑马的右前腿便复原了。看到如此情景，古什托斯普和他的卫士们欢呼起来。此时，琐罗亚斯德又提出请求：让王子伊斯凡吉雅尔也接受他的宗教，王子也同意了。

琐罗亚斯德念诵了一遍经文，黑马的右后腿也从身体里长出，并恢复了原状。接着，琐罗亚斯德与陪同一起到了后宫，见到了王后卡托彭（古什托斯普的夫人、伊斯凡吉雅尔的母亲）。王后也全心全意地接受了琐罗亚斯德教并将琐罗亚斯德奉为先知。琐罗亚斯德又念诵了一遍经文，黑马的另外一条腿也恢复了……①

虽然这仅仅是一段美丽的传说，然而它清楚地表明骏马在我国祖先生活中的地位和重要性，说明了军马和劳役马匹在开创国土和国家政治中的巨大作用。

需要指出，古时候在巴里黑、巴克特里亚、胡塔伦、卡博颠、瓦什基尔德、恰岗尼昂、阿胡伦、舒芒、粟特、撒马尔罕、布哈拉、木鹿等地及数百个大大小小的城市中的王公将士都对骏马有特殊的珍爱之情。他们不仅在战场上和长途奔袭的道路上喜欢展示高超的马术，而且在和平时期、在欢歌笑语的节日里，也经常举办马术比赛。马球、赛马、马上比武、套马、各种狩猎和捕鸟项目等众多的马术比赛项目，都要求不断地提高骑术水平、改良马种、关注马种的血统纯正，改善马匹外形、毛色和姿态等。所以，马倌、马术师、兽医等行业都非常受人尊敬。

古代编年史中可以找到亚述王萨拉曼萨尔三世（公元前 8世纪）和提革拉特纳拉萨尔三世（公元前 8 世纪后半叶）同波斯、詹德、阿尔扎什特等米底王国附属国的征战纪实。史书称，在每次征战中，所缴获的战利品有马匹、骆驼及其他牲畜。

攻占一些小国的主要目的就是获取马匹，因为马匹是强化骑兵队伍、满足军需的重要基础。战利品清单中，有外形奇特的双峰驼，也有飞速奔跑的骏马，这些骏马是经居住在巴克特里亚和花剌子模的雅利安部落之手来到米底王国的。

① Тарчумаиҳол ва оину ахлоқии Зардушт. Душанбе, 1966, с.12–13.

上述观点,由在巴达赫尚省发现的青金石和矿石研究成果可做旁证。有资料表明,这些矿石、骆驼和高贵的骏马经由巴克特里亚的古商道到达该地区。同时,在米底王国的山区,养马业也相当发达,这个地域辽阔的国家当时同居住在阿姆河三角洲和里海一带的塞克人的领土接壤。①

在旅行家、历史学家、将领、古地理学家等见证人留下的文字中,有不少介绍巴克特里亚骏马的重要材料。例如,古希腊历史学家克泰夏斯详细描述了巴克特里亚骑士能弓善骑的技能。

色诺芬(公元前 4 世纪)在《长征记》中记载了有关塞克骏马的传说,让我们想起巴克特里亚或哈特隆骏马的优良马种。

有一次,波斯国王在赛马场举办了声势浩大的马术比赛,来自不同国家的选手们应邀参加了比赛,竞技场上的赛道有 5 个斯塔季亚之长。比赛一开始,一个年轻的塞克人冲到最前面,一路遥遥领先,最终第一个跑过终点。波斯国王提出,让骑士主管一片领土来换取他的骏马。然而,塞克骑士却拒绝说:"这匹骏马只配勇士来乘骑"。②

据印度古代史诗《摩诃婆罗多》记载,公元前 360 年的宰牲节,各国、各部落(包括巴克特里亚人和塞克人)的使节前来拜见高迪沙尔沙阿时,向他赠送了贡品,其中有善跑的各色稀有马匹等。《摩诃婆罗多》对其特征作了详细描述。这些马匹是居住在阿姆河上游的吐火罗人在当地驯养的。

大约一千年以后,也就是公元 7 世纪的中国古文献中,也出

① 参看 И.M.基亚科诺夫著《米底史》,莫斯科-列宁格勒,1956 年版,第 122—126、162—165、193—196 页。

② И.B.皮扬科夫著:《古希腊史学家克泰夏斯笔下的中亚》,杜尚别,1975 年版,第 37 页。

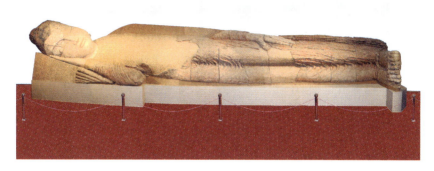

卧 佛

现了有关吐火罗骏马的重要信息。中国的旅行家玄奘在公元639—645 年旅经吐火罗时，记录了有关呾蜜国（即铁尔梅兹）、赤鄂衍那国（即吉萨尔东北地区）、鞠合衍那国（即卡博颠）、喝捍国（即吉萨尔中东部地区）、镬沙国（即瓦赫什）、珂咄罗国（即胡塔伦）、钵露罗国（即法尔霍尔）、钵铎创那国（即巴达赫尚）等地的有趣资料。玄奘对珂咄罗国首都色竺衍作了详细介绍：国大都城周十余里，土地肥沃，农业发达。此国善养马，也豢养黄毛老虎（可能是狮子）。最后，玄奘提到，在这个地区有四座盐山。事实上，在离沃塞区不远的确有座名为霍扎·穆闵且拥有丰富食盐矿藏的大山。

中国唐朝编年史中记载，公元 8 世纪，吐火罗国曾多次向唐朝皇帝进贡，贡品中就有善跑的哈特隆骏马。中国的《隋书》和《唐书》也提到，在哈特隆地区最优等的马种是由居住在吐火罗雪山山洞的"天马"所繁殖的。

古书将哈特隆骏马的出现同吐火罗马种联系在一起是有根据的。正如上文所讲，巴克特里亚、吐火罗和哈特隆的骏马都来自同一个种群，都是塔吉克民族的祖先所驯养和育种的。

巴克特里亚骏马体形相对矮小,但非常吃苦耐劳,这一马种是吐火罗骏马和哈特隆骏马的祖先。让专家学者们去探讨这个问题的科学性吧,我只想强调,巴克特里亚、吐火罗和哈特隆骏马品种的产生和改良代表了连续性的生物进化。这一持续数千年的进程基于"民间遗传学",那就是祖祖辈辈不断地改良品种,仔细查看马匹的外形、个体大小、毛色、背长、颈长、胸廓、头颅和面门的形状等,严格甄选。其他特征,如:耐力、奔跑速度、敏捷程度、步长、跳跃高度、步法、动作的协调性等,也都是重要的甄别标准。塔吉克故土上马种进化过程是整个中亚及其他国家获得新马种的重要途径。

公元9—10世纪阿拉伯史学家和地理学家,如:伊斯塔赫里、马赫迪、耶库特、伊本·胡尔多贝克在描写珂咄罗国的时候,对其骏马的敏捷、耐力和速度着墨甚多。伊本·胡尔多贝克引用神话传说写道:哈特隆骏马来自神马的一种——水马。他说,珂咄罗国有湖泊,名叫诺斯湖,水马就生活在那里。过往的马群在湖边饮水,并同水马交配,哈特隆骏马就是由此而来的。

巴克特里亚、吐火罗和哈特隆骏马的美名经无数的将领、旅行家、历史学家、编年史学家和商人口口相传,誉满各国。这些纯血马的后代可以在巴比伦、亚述王国、中国、印度、波斯、古希腊、拜占庭、阿塞拜疆、阿拉伯国家和安达卢西亚(今西班牙17个自治区之一)等地区找到。

据称,苜蓿也是从以马匹出名的中亚运往巴比伦、亚述王国、米底王国和古希腊的,在中亚,苜蓿被称为"骏马的绿色食物"。公元前126年曾到过吐火罗和中亚的中国旅行家张骞说,著名品种"天马"以及苜蓿种子是从这些地区带到中国的。古希腊人认为苜蓿是野生植物,塞克骏马以苜蓿为食,是其敏捷、善跑的原因。①

有些历史学家认为，亚历山大大帝的著名战马——布西法拉斯，也是巴克特里亚马种，是波斯商人将其带到古希腊的。亚历山大大帝的父亲——菲力二世以 13 个塔兰(340 克白银)将其从色萨利马匹商人斐洛尼克斯手中购得。其名的含义为"牛首"。因为布西法拉斯长着宽阔的额头、直立的耳朵、粗壮的脖颈、雄壮的胸膛，所以得名为"牛首马"。当"牛首马"在巴克特里亚附近的战场上牺牲后，亚历山大大帝无比悲伤，为了纪念它，他在埋葬爱马的地方创建了同名的布西法拉斯市。

在以后的征战中，亚历山大大帝获得了一群新的巴克特里亚马匹，由几十个希腊和巴克特里亚马倌精心照料。攻占粟特之后，又增加了一大批体形矮小，却能奔善跑、耐力极强的粟特和巴克特里亚骏马。杰出的亚历山大大帝非常喜爱优良种马，并根据不同的场景，如战事、长途奔袭、国礼、节庆、狩猎等，经常换乘不同的马匹。

同时，也需要指出，亚历山大大帝招募粟特人和巴克特里亚人，组成了强大的骑兵军团，其将领也由巴克特里亚人担任。古希腊历史学家，如克文图斯、科丘斯、雅利安等人都讲到，巴克特里亚人的武器不断改进，开始使用锁子甲。巴克特里亚战士头戴战盔，手中持有大小不同、形状各异的盾牌用以御敌。希罗多德还提到马萨格泰人用铠甲保护战马的事实。如此看来，中亚地区同样是防御用马具和辔具的发源地。这一重要的发明随后向西流传到伊朗的阿契美尼德王国，向南流传到印度，向东流传

---

① 参看 И.М.基亚科诺夫著《米底史》，莫斯科－列宁格勒，1956 年版，第 152 页。

到了中国。中亚地区当时还有战车存在。

亚历山大大帝东征时，巴克特里亚骏马被运往古希腊，在此，被称作波斯骏马。在希腊，主要由君主和将领骑乘，同时也经常出现在古希腊和古罗马贵族举办的盛大的马术赛事上。此后，经由古希腊和古罗马，巴克特里亚骏马开始被欧洲各国认知和使用。

世界上最为著名的马种之一——阿拉伯骏马为穆斯林征服新的地区、广泛传播伊斯兰教，立下了汗马功劳。有趣的是，自古以来专门驯养骆驼（而且上帝仅赐予他们不十分便于骑乘和使用的单峰驼）的阿拉伯人，在随后的时代以培育阿拉伯骏马著称。

事实上，阿拉伯骏马的先祖，仍旧是我们前文已提到的哈特隆骏马。阿拉伯编年史作者和旅行家编写了许多赞颂哈特隆骏马的诗篇。

居住在阿拉伯沙漠的贝都因人，本来以驼奶为主要食品，但在征服了萨曼王国、呼罗珊和摩瓦鲁纳赫等地之后，拥有了庞大的纯血马群，随后，他们却几乎忘记了如何驾驭骆驼。阿拉伯将领欧格白·伊本·拿非厄的军队一直打到大西洋岸边，欧格白·伊本·拿非厄骑马奔驰在辽阔大地上，向安拉祈祷："愿普天之下，无一处土地不留下我大军的马蹄印"。①

阿拉伯马种是由哈特隆马及其他中亚马种（如汗血马、卡拉巴伊尔马种等）与北非马种杂交而成。其后，阿拉伯骏马在欧洲被誉为最好的战马，在法国、英国、西班牙及其他欧洲国家陆续开始培育，被育种学家熟知。早在英国纯血马出名之前，阿拉伯骏马就已经在欧洲找到了为数众多的爱好者。

---

① 尼赫鲁著：《世界史一瞥》，莫斯科，1977年版，第217—218页。

英国纯血马的出现，在很大程度上也应归功于养育了巴克特里亚骏马的塔吉克人。历史上，印度长期是大英帝国的殖民地，高贵品种的骏马就通过巴里黑、阿富汗和布哈拉酋长国运往英国。大约两百年之后，经过哈特隆马、阿拉伯竞赛马与那不勒斯-西班牙马种杂交后才真正出现了阿拉伯马。

因此，谈起纯血马时，无论如何也不能忽略巴克特里亚马、吐火罗马和哈特隆马，因为这些马种对阿塞拜疆马、汗血马、卡拉巴赫马、温血马、库叶坦马等马种，尤其是英国纯血马和阿拉伯马种的培育起到了极为重要的作用。

公元 15—16 世纪后，航海和海上贸易的大规模发展削弱了丝绸之路作为重要商道的作用。贸易中心由商道上的交通枢纽逐渐转移到沿海港口城市。乘坐帆船前往中国、印度等国家，与骑着马、赶着骆驼相比，是更加快捷、安全和便宜的交通办法，因此，贸易主动权逐渐转移到从事海上贸易的商人手中。巴克特里亚骆驼的价格也随之开始滑落，古商道最终被废弃。

更晚些时候，汽车、飞机和直升机的出现迫使曾经在国际关系中起过重要作用的骆驼和马匹完全退出了历史舞台。然而，在多山的塔吉克斯坦，马匹至今仍旧是农民最好的朋友和助手。

马术比赛堪称世界上最吸引观众的赛事之一。赛事的参与者为得到一匹纯血马，不惜一掷万金，参赛马匹的价格由数千美元至数百万美元不等。几年前，在十项全能马术比赛中折桂九项的英国纯血马"阿勒加尔"的身价竟然达到惊人的 1600 万美元。这笔钱足够购买 5000 辆上百马力的轿车。

任何一个观看过赛马或者叼羊比赛的人，永远也不会忘记那些激动人心的场面。直到今天，每个塔吉克人都知道良种骏马的真正价值。虽然塔吉克民族养育良种骏马的历史功绩长期以来一直被记在其他部落和民族的账上，但是，塔吉克人仍旧在努力养育和改良纯血马。近几年已出现了若干股份制马厂和私人马场。近五十年当中培育出来的塔吉克马种，是由英国纯血马和阿拉伯马杂交而得的。塔吉克马种是形体优美的高头大马，虽略小于英国纯血马，但较阿拉伯马种更高大强壮。我们的目标是复兴塔吉克马种，恢复历史上巴克特里亚骏马的声誉。

虽然在 20 世纪，马匹在客运和货运行业中的作用早已让位于其他更加完善的现代化交通工具，但这种事实绝不能降低巴克特里亚骏马在塔吉克国家发展史上的作用。饲养马匹是历史发展的一个阶段，有助军队建设、军事艺术的提高、军事堡垒和军事设施的建造、城市和商贸的繁荣、新商道的开拓等许多有益成果的出现。良种骏马问世，无疑是巴克特里亚人的历史功绩。为此，我想引用 20 世纪伟大科学家爱因斯坦的名言："在真理阁下面前没有反驳的余地，我们应该做的，只是摘帽致敬。"

多才多艺的塔吉克民族，自古代国家建立伊始，一直从事改良巴克特里亚骏马、吐火罗骏马和哈特隆骏马的事业，成为世界育种学上的丰碑。前文已讲到，在塔吉克民族的日常生活中，处处有其忠实的朋友和亲密助手——骏马的身影。

第一，巴克特里亚骏马在历次保家卫国的战争中，是抗击侵略者的中坚力量。它们的存在有利于强大的骑兵团的建立、军事艺术的提高、军队的强化以及新的战略战术的制定。

第二，巴克特里亚骏马对开发新的疆域、开辟商道（如：青金石之路和伟大的丝绸之路）、发展东西方各国的贸易关系、提高粟特和巴克特里亚的经济文化水平起到了不可低估的作用。随着贸易的发展，各地区出现了众多的驿站以及驿站周围有工匠和商人居住的小镇，尔后发展为大小城市。这一切又促进了

历史倒影中的塔吉克民族（一）

文化互动与文化交流、新行业的确立以及新宗教的传播。

第三，巴克特里亚骏马是劳动人民重视的伙伴，它减轻了农业劳动的繁重负担，对提高社会生活水平，促进住宅建设、货物交换、工业工具的完善、手工业和各种副业的发展起到了重要作用。

第四，步兵与骑兵的划分加速了社会分化，促使国家的管理机构与行政机构分别形成。边境地区从此有军队镇守、军事设施开始大规模建造、税收体系也得以正常运行。这一切，都需要有强有力的国家机构来支持，这是国家政权不断巩固的最佳证明。

在关于巴克特里亚骏马的章节结尾，我想再次重申，这一马种在建立和发展强大的巴克特里亚和粟特王国的过程中确实起到了无可替代的作用，我们有义务不断改良塔吉克骏马，为恢复巴克特里亚骏马的声誉而努力。我们要牢记世界上没有不可完成的任务，需要的只是牢记自己的目标！

第七章　巴克特里亚和粟特——
第一个塔吉克王国的摇篮

写下"摇篮"这个词之后，我想也许有人会反对说"摇篮和塔吉克王国、塔吉克王国的统治之间有什么共同之处吗？书上不止一次地写到它们之间的相似之处，现在怎么又出现在另一章的标题上？"但是并没人举手反对使用这个词或者要把它换成别的词。

顺便说一下，"摇篮"这个词在这里既有直义也有引申义。因为摇篮代表着婴儿时代，那时我们正蹒跚学步，不断跌倒又不断爬起，并迈出最初的几步；提到摇篮，我会联想到塔吉克人的祖先在世界文明史的舞台上崭露头角，那时塔吉克民族正在形成对本民族和整个世界的认识。正是从这个摇篮开始，这个民族踏上了苦乐交加的命运轨迹，开始孕育自己的文化价值，对国家的使命有了概念，并开始奠定国家统治的基础。

语言的形成和发展、文字的出现、书籍文化以及国家统治模式的完善、皈依宗教、统一信仰以及先知的出现——所有这些我们发展史上里程碑式的事件也源于这个摇篮。我们将永远铭记我们最初走过的道路，就像长大后的孩子永远不会忘记母亲哼唱的摇篮曲。

在这个阶段，耕作业和各种手工业开始发展，由巴克特里亚种的骆驼和著名的跑马组成的商队开始进行贸易，积累了最初修建宏伟宫殿的经验和开疆拓土统帅们的军事经验、懂得了修筑防御工事和堡垒、修缮城市、铺设道路,即奠定了我们祖先的文明与国家基础。

在开始回顾古巴克特里亚和粟特——第一个塔吉克王国的摇篮——的文明史及国家统治史之前,我想指出,在这方面存在两种观点。尽管这两种观点、两种思路的分化都植根于古老的传统,直至今日它们之间仍没有严格的界限。也许严格地界定它们之间的区别是没有必要的,因为不管这两种观点多么不同,它们从根本上来自同一个源头,并且朝向同一个目的。

为了使作者更容易解释、使读者更容易明白,我们将这两种观点分别称为东方的观点和西方的观点。这两种观点都拥有各自的传统学派以及独有的研究方法和特点。东方学派的依据是《列王纪》的历史学家和编年史作者们的观点,以及那些根据《阿维斯陀》来编写远古历史的作家们的观点。东方学派的学说中有很多神话传说,比如,占领新的疆土被描写成冒险——惊险小说,很难区分哪些地方是虚构的,哪些地方是史实。但不可否认的是,这些神话传说是历史的重要组成部分,也是塔吉克民族和雅利安人种历史的重要组成部分,不重视或者忽视这一事实是不对的。与之相比,西方学派没有那么多的美化本民族最初的史实,而是以具体的史实为根据。

在回顾雅利安的作家和历史学家所编著的历史和文学著作之前,我要再次强调,东方和西方学派之间的区别是相对的,并且它们之间存在着交叉点。

最早提到巴克特里亚和粟特的文献是圣书《阿维斯陀》。正如上文所说,在它的第一卷《维提吠达特》(即《驱魔书》)中列举了由光明善神和智慧之主阿胡拉·马兹达创立的那些最初的国家,其中包括"旗帜飘扬的巴克哈尔(波赫塔尔,巴克特里亚)"和"绿草如茵、牛马成群的粟特"。根据一些对《阿维斯陀》的研究结果,"旗帜飘扬"这个概念表明国家的城堡非常宏伟、战无不胜的祆教徒的军队勇武有力以及古什托斯普时代军队必胜的信念。

在《阿维斯陀》和其他提到了琐罗亚斯德和维什托斯普王朝的巴列维语文献中,巴克特里亚和巴里黑都被描写成一个幅员辽阔、有着发达城市的国家,那里有皇宫、最初的拜火教神庙以及琐罗亚斯德教的传教场所。

最著名的古代历史学家菲尔多西创作了不朽的史诗《列王纪》,其根据是一些历史文献,如:《胡多诺伊姆》(即《圣书》)《马兹达记》,阿布曼苏里的《列王纪》,玛苏达·马尔瓦兹、阿布尔姆艾达·巴里黑和阿布阿里·巴里黑的《列王纪》,达季基的《古什托斯普传》以及其他的雅利安民族的传说、故事和史诗。菲尔多西的《列王纪》是一部十分伟大的史诗和文学巨著,它描写了五十多位雅利安帝王的命运轨迹和统治历程。

如果我们从历史的角度来看待从凯尤马尔斯到雅吉古尔德三世之间的王朝更替、帝王登基与王朝的覆灭,就会发现这些王朝在人们还居住在森林中的时候就开始形成了,即早至公元前7世纪,也就是一个磨坊主在摩胡·苏里耶(图斯的统治者)的教唆下,杀死雅吉古尔德三世的时候。

根据记载着皇帝即位、退位及事件发展的年代纪来看,《列王纪》可以分为两个部分——神话和史实。

我们可以认为《列王纪》的神话时代中所讲到的诸王就是俾什达迪王朝的诸位帝王,这包括了凯尤马尔斯、胡尚、塔胡拉姆斯、嘉穆舍德、扎赫豪克、法利东等人统治的时期,直至加尔绍

历史倒影中的塔吉克民族(一)

斯普统治时期。必须指出的是,在俾什达迪王朝统治时期我们的祖先正处于多神教时期(或者是通常所说的母权制时期)。当时已有了最初的文明——他们已经能够生火、盖房子、取得食物和衣物、使用劳动工具、驯服野生动物。例如,在胡尚统治时期人们学会了生火、炼铁、制造劳动工具,而在嘉穆舍德在位时人们则学会了纺纱、织布、缝衣、造船、制造武器。我还想补充说明的是,在《列王纪》中,庆祝诺鲁兹、梅赫尔冈和萨达节的习俗被视为统治者的功绩。

很难列举出与俾什达迪王朝及其统治时代相关的真实事件。并且,尽管菲尔多西以巴列维语文献为依据,从总体上计算出俾什达迪王朝的统治时间为 2441 年,其中有 40 年是胡尚统治时期,30 年是塔胡拉姆斯统治时期,700 年是嘉穆舍德统治时期,1000 年是扎赫豪克统治时期,500 年是法利东统治时期,但这种划分和年代的计算基本上还是带有神话色彩的。

与此同时,俾什达迪王朝的所有统治者都被公认为雅利安族——其中包括塔吉克人——的第一代皇帝,他们引领我们的祖先步入母权制时代——在这个时代出现了部落联盟、畜牧业和种植业,出现了最初的物质文明和国家统治元素。

值得注意的是,在许多文献中,俾什达迪王朝都被公认为一个在历史上真实存在过的王朝。这些文献包括《阿维斯陀》中的吠陀经、巴列维语文献《本达赫米纳》《丁卡尔德》《智慧米纳》、伊斯兰教时期的历史巨著——《胡多诺伊玛》(《圣书》)、迪诺瓦里的《基吐布·乌尔·布顿》、马苏迪的《穆鲁芝·乌兹·扎哈布》、巴拉米的《塔比利传》、阿布曼苏利的《列王纪》、伊布·巴勒赫的《波斯古事记》等许多文献。

例如,在《赞颂书》等巴列维语文献中提到了七位古代皇帝

（凯尤马尔斯、胡尚、塔胡拉姆斯、嘉穆舍德、扎赫豪克、法利东等），而在《列王纪》及其之后的历史文献中记载了这个王朝的所有十位统治者。

为了确认这一想法，让我们来看看伊布·巴勒赫的《波斯古事记》。该书在记载皇帝及其生平时共列举了十一位统治者。他这样写道："有些波斯和阿拉伯历史学家的传说故事中认为，法尔斯（波斯）的统治者共同来源于四个王朝：1.俾什达迪王朝；2.凯扬王朝；3.安息王朝；4.萨珊王朝。其中的两个王朝——俾什达迪王朝和凯扬王朝，是在亚历山大·马其顿大帝——他也被称为祖尔卡尔南——时期之前。而另外两个王朝——安息王朝和萨珊王朝，则是在亚历山大大帝时期之后。这四个王朝都来自凯尤马尔斯家族，如果加上亚历山大大帝，那么这个家族一共有72名统治者，他们统治的时间长达1181年零几个月。"

伊布·巴勒赫提到了俾什达迪王朝的11位伟大君王，9位凯扬王朝的统治者，20位安息王朝的皇帝以及萨珊王朝的31位统治者，他起初依据的是神话传说，而随后依据的是史实。他的历史著作始于俾什达迪王朝统治时代。他写道，如果算上在土耳其斯坦起义的阿夫拉西亚卜，这个朝代的统治者一共有十一位，如果算上阿夫拉西亚卜起义并占领伊朗的十二年的话，那么这个王朝的统治时间长达2568年。[①]

通过这些摘自《波斯古事记》的引文可以得出结论，波斯和阿拉伯的历史学家和学者计算的俾什达迪王朝的统治时间为

———————
① 参看伊布·巴勒赫的《波斯古事记》，杜尚别，1990年版，第19—20页。

历史倒影中的塔吉克民族（一）

2568年,并且认为这些统治者在历史上真实存在过。

需要说明的是,公元19至20世纪的一些东西方历史学家将这一时期称作"神话文明"时代,怀疑俾什达迪王朝的真实性,不承认有关这一时期的历史文献和文化巨著,其中包括《阿维斯陀》。幸运的是,他们的一些反对者——其中包括著名的考古学家雅库勃夫——认为,因为我们取得了独立,"我们应该根据时代的要求,为了民族的自我意识而重新书写自身的历史"。[1]

在谈到塔吉克历史研究中迫切需要解决的问题时,这位渊博的、具有创新精神的历史学家这样评价俾什达迪王朝:"第三个问题是书写最初的雅利安-塔吉克王朝——俾什达迪王朝的历史。俾什达迪王朝的第一位皇帝凯尤马尔斯·基尔沙赫源自最初的原始人,王朝的统治一直持续到加尔绍斯普。对于俾什达迪王朝的统治时间并没有精确的界定。他们成了神话中的英雄,但是当谈起我们民族的历史时,我们不应该忘记他们。关于犹太人起源的历史中有不少于百分之九十的部分都来自福音书。为什么我们不能同样从《阿维斯陀》中寻找我们的历史呢?我们历史上的许多事件和传说都与嘉穆舍德和法利东的名字有关。因此我们应该让我们的民族了解这两个《阿维斯陀》时代伟大皇帝的历史。"[2]

事实上,如果将俾什达迪王朝时代归入古代历史的话,那么这一时代大概在5000—7000年前,也就是在公元前5000、4000到3000年前。这一时期在古代世界史中被描述为从母权制社

---

① Якубов Ю. Омӯзиши таърихамон аз нигоҳи нав.//Чумхурият, 1999, №61-62.

② Яъкубшоҳ Ю. Проблемаҳо.//Маърифат, 1995, №5-6, с.6.

会向奴隶制社会的转型时期。这样的话,我认为如果承认甚至哪怕只是提及这些带有神话、半神话性质的文献,提及俾什达迪王朝统治时期是居住在中亚地区的雅利安部落历史上的第一页,并且把这些写入教科书,将是有益的。

也许这种要求看起来有些大胆,但是为什么荷马的《伊里亚特》和《奥德赛》、希腊的许多神话传说可以被归入历史巨著之列、成为研究的对象,而我们的历史学家和学者却要避而不谈圣书《阿维斯陀》和俾什达迪王朝呢?俾什达迪王朝的家族史和与之相关的事件都以编年史的方式被载入了《阿维斯陀》。

碗具(公元 9—11 世纪)

历史上最惊人的悖论之一是:东方的宗教学说和哲学智慧,尤其是《阿维斯陀》,在披上了希腊式的外衣后,才被西方的历史学家们认为是世界文明的基础,但却认为它们属于古希腊。我们不想贬低古希腊对人类所作出的贡献。基于历史的公正性,应该说,即使在苏联时代我们也要学习荷马的《伊里亚特》和《奥德赛》、古希腊的神话与宗教、知道特洛伊战争中英雄们的奇遇、了解雅典和斯巴达是如何形成的、明白奥运会的起源、知道希腊的农民们为何沦为乞丐。但是令人感到不平的是，在《古代世界史》课本中甚至没有提到《阿维斯陀》——世界文明的第一本百科全书、关于完善的人类宗教的第一本全书，而这门宗教可以被认为是后来的许多宗教的鼻祖。

让我们把这个问题留给学者和古代世界史研究者吧，但是我还想补充一点，这个良好的创举将使塔吉克民族和其他雅利安民族得到实在的好处，并且给历史研究增添真正有趣的、有吸引力的材料。而且，神话或者半神话的俾什达迪王朝将为描述另一个王朝——凯扬王朝的历史打下了坚实的基础，而凯扬王朝并不缺乏可信的历史资料。而这将促进民族意识和民族自尊心的巩固。

根据《列王纪》和其他的历史资料，俾什达迪王朝之后的第二个雅利安王朝是凯扬王朝。伊布·巴勒赫认为，"这个王朝共有 9 位君王，他们统治了 738 年"。据《列王纪》记载，这个王朝的奠基者是凯库巴德；继他之后，这个王朝的皇帝有凯克乌斯、西亚武什、凯胡斯拉夫、凯古什托斯普（古什托斯普）、巴赫曼、胡迈、多罗夫、多罗以及亚历山大，而这 9 位伟大皇帝的统治时期共 732 年，这比伊布·巴勒赫计算的年限要少 6 年。

在《巴拉姆史》中记载有，凯库巴德是马努且哈儿的儿子，其妻是图兰人，有五个孩子，长子是凯克乌斯，次子是凯尧拉什，三儿子是凯帕申，四儿子是毕尧拉什，五儿子是奥夫萨德。凯库巴德是一位公正的君主，并兴建了城市。

《阿维斯陀》中记载的凯扬王朝的皇帝主要是凯库巴德、凯克乌斯、西亚武什和凯古什托斯普（古什托斯普）。

《阿维斯陀》的研究者认为，在《阿维斯陀》中被称为"卡维"的凯扬王朝有"沙赫(波斯国王)""统治者"之意。《阿维斯陀》中的词组卡维·卡瓦特(kavi kavata)由两部分组成,其中的第一部分"卡维"意为"统治者""沙赫",而"卡瓦特"则是一个专有名词。在《赞颂书》的第 132 卷中记载道:"这一章中记述的是凯库巴德家族的故事,但是我们不知道,凯克乌斯、凯尧拉什、凯帕申、毕尧拉什、奥夫萨德——这些凯库巴德的儿子们,都是否执掌过政权?"

根据历史文献记载,凯扬王朝的君王们将勃赫塔尔(巴克特里亚)和巴里黑选为自己的居住之地和统治之地,将它们分别称为伊朗和伊朗沙赫尔(伊朗城)。在鲁赫罗斯普和古什托斯普统治时期,伊朗沙赫尔非常繁荣。在《波斯古事记》中伊布·巴勒赫说道,凯库巴德——凯扬王朝的第一位君主——将国家分成不同的州和城市,并将小麦产量的十分之一作为税赋以供养军队。凯库巴德是一位公正的君主,他喜欢建筑、修建房屋,"他与土耳其人进行了长期艰苦的战争,但却没能征服伊朗人的仇人,于是只好基本住在妫水沿岸并定居于离巴里黑不远的地方"。①

凯库巴德去世之后,他的儿子凯克乌斯"集权力于一身并向巴里黑进发。他镇压了土耳其人,敌人被打败了"②。战功赫赫的凯克乌斯占领了从巴克特里亚、巴里黑到粟特、花剌子模、博布恩和亚曼之间的地域。在亚曼之地的战争期间,其统治者祖尔阿卓尔打败了凯克乌斯的军队,他本人成了俘虏并被投入了大牢。非凡的鲁斯塔姆带领军队前往亚曼救出了凯库巴德。

① 伊布·巴勒赫著:《波斯古事记》,杜尚别,1990 年版,第 44—45 页。

② 伊布·巴勒赫著:《波斯古事记》,杜尚别,1990 年版,第 45 页。

作为奖励,凯库巴德赐予了鲁斯塔姆自由并将锡斯坦和扎布里斯坦赠给了他。波斯的君主有这样的风俗:所有的将领以及其他阶层的代表似乎都是他们的奴隶,并且他们所有人——无论年轻年老、年幼年长,都要佩戴象征奴隶身份的耳环。在他们拜见君主时,根据风俗要用腰带将长袍束起,这腰带被称为"奴隶的腰带",任何人都不敢不戴着耳环和腰带去面见君主。当鲁斯塔姆按此风俗去拜见凯克乌斯时,凯克乌斯赐予了他自由,摘下了他的奴隶耳环和腰带,向他致敬并下令歌颂他。[1]

接下来书中引用了赐予鲁斯塔姆自由证明书的文本,这对于研究凯扬王朝的风俗、惯例和法规来说是一份很有趣的材料。

西亚武什,凯克乌斯的儿子,从小就跟鲁斯塔姆一起生活、由鲁斯塔姆对他进行教育,从鲁斯塔姆身上学到了很多人性的优点、勇敢的精神、作战的技巧以及其他的知识。

简而言之,据文学-历史资料中有关西亚武什的传说,如纳尔沙基的《布哈拉史》、巴尔阿米的《塔巴里史》、马苏迪的《穆卢蒂斯·阿尔·扎哈布》以及《列王纪》,西亚武什——一位勇敢高尚的男人,成了不公正的诽谤的牺牲品。他死于阿夫拉西亚卜之手。西亚武什这个名字的意思是"骑着黑马的骑士";在《阿维斯陀》中这个名字被写作"西亚拉夫尚",而在中世纪波斯文献中被写作"西亚瓦赫什"。

西亚武什所参加过的战役、他的一生以及凯扬王朝其他统治者们的一生基本上都在粟特、巴克特里亚和花剌子模谷地这片土地上度过。大部分的文学和历史文献认为西亚武什是许多

---

[1] 伊布·巴勒赫著:《波斯古事记》,杜尚别,1990年版,第47—48页。

城市和堡垒——如甘迪斯普和西亚武什城——的奠基人和建造者。《布哈拉史》的作者认为,建造堡垒的原因在于,西亚武什离开了自己的父亲,渡过妫水,投奔了阿夫拉西亚卜。阿夫拉西亚卜亲切地对待他,并将自己的女儿嫁给了他。西亚武什想在这片土地上永远留下自己的足迹。他建造了布哈拉堡垒,大部分时间都住在那里。有人在挑拨他和阿夫拉西亚卜的关系,后来阿夫拉西亚卜杀了西亚武什。人们将西亚武什埋葬在堡垒东部的贡夫鲁夫尚大门外,这个大门也被称作古里亚塔大门。每一位男人,每年都要在这里供奉一只公鸡。在诺鲁兹,布哈拉的居民们在日出之前曾为西亚武什而哭泣。基于这一哭腔,音乐家们创作了一首歌曲,歌手们称之为"献身者之歌"。这首歌曲至今已有三千年的历史。

值得指出的是,在古粟特境内,位于布哈拉西部 40 公里处发现了沃拉赫沙古城遗址,考古学家希什金认为该遗址可追溯到公元前 1000 年,此外,他还说道,这座古城遗址在贵霜王朝时期获得了新生。现代撒马尔罕城的北部还存有阿夫拉西亚卜城的遗址,该遗址占地 219 公顷,始建于公元前 6 世纪。一些历史学家将西亚武什城与阿夫拉西亚卜城相比,仿佛西亚武什是为了与阿夫拉西亚卜城一比高下而建造了西亚武什城。为了检验历史学家的这个假设,我想强调一点,即在凯扬王朝统治时期除了古巴克特里亚的诸城之外,同时还兴建了繁华的粟特诸城。

阿夫拉西亚卜城呈方形,被四层城墙所环绕。该城被认为是古粟特的中心,或是古粟特最大的城市之一。根据考古学的史料记载,古撒马尔罕城坐落于阿夫拉西亚卜城的遗址。对阿夫拉西亚卜城进行发掘后发现了公元前 6 到前 4 世纪人类居住的痕迹:一些城市遗址、圆形的手工陶制器皿和一些大大小小的锅,此外还有铁锅铲、铁镰刀、铜镜和其他一些用具,通过这些东西我们能够更好地认识那个时期的劳动工具和生活用品。当时的器物还是石制的,上面除了有神灵的画像,还画有握着弓箭的国王。

通过阿夫拉西亚卜城的废墟我们可以知道与巴克特里亚一样,古粟特城的文化经济生活日趋改善;除了田间作物栽培和农耕技术的进步,其他形式的文化手工业、建筑业以及城市建设也得到了相应的发展。古撒马尔罕城曾是重要的贸易中心之一,其中数条通往古城的商路在当时赫赫有名。通过这些商路实现了东西方之间的经济和商业往来,有时也供战车奔驰。

谈到古撒马尔罕城就不能不提巴克特里亚人和粟特人为反对马其顿王亚历山大大帝对该城的进犯而进行的旷日持久的斗争。当时的景象和我们祖先反对奴役者的激烈战斗都被巴巴疆·加富罗夫记录在案。

也许史学家们会说,从沃拉赫沙城和阿夫拉西亚卜城建城之日起至今仅过了不到 2500 年,至多也只有 3000 年的时间。然而,同样无法回避的是:沃拉赫沙人所述及的,西亚武什是布哈拉城堡的第一位建设者,以及这一切发生在 3000 年前的史实。考虑到沃拉赫沙和我们所处时代有 1000 年的差别,因此我们认为这一切应发生在 4000 年前。

基于上述事实,可以说在凯扬王朝统治期间古巴克特里亚的疆域得到了扩大,而它旁边粟特的各个城池及其防御工事也获得了极大的发展。

就历史发展、民族的形成、文化价值观、宗教信仰、语言、神话故事及勇士赞歌、文化遗产以及其他诸多有关同根性的证明而言,这两个国家有着相同的命运,也是第一个塔吉克国家形成的根基。

著名的东方学家雅库勃夫提出的论点可以成为上述思想的佐证：

> 我们都知道，要想建立一个伟大的国家，必须要有统一的思想和统一的民族宗教。这样一种雅利安人共同宗教思想的代表是琐罗亚斯德教。维什托斯普从琐罗亚斯德教那里接受了一神教，并和先知一起开始与雅利安城的多神教、偶像崇拜和无神论者抗争，继而建造了伟大的巴克特里亚国家，该国包括有整个中亚、阿富汗、锡斯坦和现代的伊朗呼罗珊。
>
> 在东(中)雅利安农耕区建立的强大的凯扬王朝，迫使图兰的草原居民联合起来，并在阿尔卓斯普的率领下开始了反对维什托斯普和琐罗亚斯德教的斗争。"

因此中亚出现了凯扬王朝和图兰王朝两个国家并存的局

盛放染发(眉、须)药水的飞鸟状石匣(公元前6世纪)

面。这样有人就提出了有关上述国家建立时间的问题。我们知道琐罗亚斯德教与维什托斯普出现在同一时期,学者们提出了可以被称之为琐罗亚斯德教时代具体时间的三个不同的版本:公元前9至前6世纪,公元前16至前15世纪,以及公元前6000年至前3000年。

笔者认为,公元前16至前15世纪这个版本更接近于事实。原因是在靠近乌兹别克斯坦共和国苏尔汉河州达尔班德城附近,科学家们发现了一个建造于青铜时代的城市遗址。这座城市有着坚固的城墙,古城遗址本身占地100公顷,城市的中心有一座火庙,建在两米高的地基之上。这座庙宇的修建完全符合琐罗亚斯德教具有的所有的建筑学传统。如果没有强大的国家和占据主导地位的宗教,不会出现这样的庙宇。这座城市存在于公元前15至前14世纪,它是根据事先制定好的规划图建造而成,其风格属于巴克特里亚杰出的建筑艺术。第二个千年时在巴克特里亚曾经有一个城市,这样一个事实表明这个时期曾经存在过一个庞大的国家,毫无疑问,这个国家属于凯扬王朝时代,其中也包括维什托斯普和琐罗亚斯德教。

凯克乌斯之后即位的是凯·霍斯劳,他扩充了军队的人数,为老百姓打开了一条公平富足之路。凯·霍斯劳曾这样说过:"我们要为我们的父亲向阿夫拉西亚卜复仇,请各位做好准备。"凯·霍斯劳通知伊朗军队,希望他们能够在巴尔赫附近的沙赫苏敦草原集结,当军队到达指定位置的时候,凯·霍斯劳将科瓦旗帜授予了古达尔兹勇士。而在此之前,这一旗帜从未授予过任何一位勇士。当阿夫拉西亚卜知道这一切之后,他们与凯·霍斯劳开始了一场前所未有的战役,这场战役以凯·霍斯劳取胜而告终,而阿夫拉西亚卜逃往了阿塞拜疆,并在那里被凯·霍斯劳处决,凯·霍斯劳终于也因此而报了父仇。

在这里我们不会一一列举凯·霍斯劳的战功,笔者想说的只是,根据文献资料的佐证,凯·霍斯劳统治的时间为六十年。《阿维斯陀》,尤其是在《赞颂书》中凯·霍斯劳的名字被写成了"科瓦伊·哈乌斯拉瓦赫",意思是"地区的联合者,城市和市民的缔造者"。巴列维文献中凯·霍斯劳也被描写成了一个伟大的国王、强大的勇士和著名的宗教人士。

凯扬王朝后一任统治者是鲁赫罗斯普,他也把巴尔赫当作自己统治的中心:"他是第一个着手管理军队的人,他创建了一个被同时代人称作'后勤部'的机构,他用昂贵的宝石打造了纯金的宝座,用石头堆起了巴尔赫的城墙,此外还建造了数不胜数的房屋"。①《列王纪》中菲尔多西在谈到鲁赫罗斯普时也称他为一个公正的统治者,他执政生涯的开始是以修建巴尔赫城梅赫巴尔金火神庙为标志的。

鲁赫罗斯普为完善巴尔赫的公共设施作出了杰出的贡献;在他统治的时期修建了集市和贸易店铺、商棚,成立了新的贸易中心,加强了同印度、中国和拜占庭的文化及经贸往来。也许,正是在鲁赫罗斯普统治的时期修建了新的商路,这些商路使巴达赫尚的青金石和水晶运往了世界各地。因此在亚述统帅身上发现巴达赫尚青金石的饰品也就不足为奇了;这些宝石是由巴克特里亚商人通过丝绸之路运往摩德国的。

谈到中亚部族在创造阿契美尼德王朝伟大的文化遗产方面所起的作用和所具有的影响时,巴巴疆·加富罗夫强调说,一些昂贵的装饰材料就是出自粟特和巴克特里亚:"根据《大流士》

---

① 《波斯古事记》,第52页。

的记载,为了修建苏萨王城宫殿,人们从巴克特里亚运来了金子,从粟特运来了青金石和红宝石,从花剌子模运来了绿松石"。这些文字和古代人民记录的资料以及考古发掘的成果表明中亚冶金工业的高度发达的水平,以及中亚冶金工业对伊朗冶金工业和金属加工业发展进程的影响。值得指出的是,中亚的青金石在印度、巴比伦和埃及都很受欢迎。

著名的古什托斯普在巴列维和希腊人写就的历史年鉴中被称作琐罗亚斯德教的靠山和保护人。鲁赫罗斯普曾经发誓要过隐居的生活,因此他的统治在其父还在世的时候就已经结束了。一位研究古什托斯普时代和巴尔赫城大事记的专家、伟大的菲尔多西将鲁赫罗斯普退位和古什托斯普即位的事情记录于《列王纪》中,使用的词语都来自诗人达季基极为华丽和美好的诗句。

古什托斯普与其他的凯扬王朝的统治者一样,也很关心首府巴尔赫市的发展壮大,并在国家统治系统中加入了许多新的制度。

在《阿维斯陀》《盲人碑》《蓬达希申》以及《古什托斯普记》和《列王纪》中菲尔多西把古什托斯普称为琐罗亚斯德教学术的保护者和传播者。《阿维斯陀》和其他的巴列维文献史料中古什托斯普的名字和维什托斯普的名字一样,都意味着"能够驾驭快马的人"。

古什托斯普统治的时期是巴克特里亚本土的畜牧人和农民与在荒漠中游牧的雅利安塞克人之间激烈战争达到最白热化的时候。包括《盲人碑》在内的保存下来的历史文献资料向我们再现了伊朗国王古什托斯普和他的死敌阿尔卓斯普之间的激烈战争。根据《盲人碑》中的描写,阿尔卓斯普得知古什托斯普不

项链(公元前 3000 至前 2750 年)

再沿袭以前的传统而改信琐罗亚斯德教,于是阿尔卓斯普派了他的两个著名的亲信韦德拉夫什·卓乌和诺姆赫斯缇·哈佐隆给古什托斯普送去了一封信,书中是这样描写这一段的:"他们进到房中,向古什托斯普行礼后递上了阿尔卓斯普的来信。总司书跪了下来开始大声地朗读这封信。信是这样写的:我听说您,一国之君,接受阿胡拉·马兹达的虔诚宗教,如果您不拒绝这个教派的话,那么就会对您很不利。如果您珍惜自己的皇位,拒绝这个教派,并且成为我们的同教中人,那么我们将把您当作国王并每年向您进贡足够的黄金、优质的宝马和许多专门献给国王的礼物。但是如果您没有拒绝这个教派并且不愿成为我们的同教中人,那么我们就会向您宣战,把贵国的庄稼吃掉,把干草烧光,把四条腿和两条腿的都从城里赶出去做奴隶,而您也将会受到酷刑的折磨。"①

---

① Ёдгори зариррон. Садои Шарк, 1993, 5-6, с.123.

古什托斯普拒绝了阿尔卓斯普的建议并且做好了战斗的准备:"当时所有的男人在得知信使的到来之后都拿起武器冲向了古什托斯普的宫殿,他们打着手鼓、吹着双管芦笛。人们组建了驮运队后便出发了:赶大象的和大象在一起,赶骆驼的和骆驼在一起,赶大马车的则与马车同行。"①两国之间的战争爆发了。在这场战争中古什托斯普的弟弟扎里尔成了英雄,他死在了韦德拉夫什·卓乌的手上。而扎里尔的小儿子巴斯特瓦尔为了给父亲报仇亲手杀死了卑鄙的卓乌。

斯潘迪多夫(伊斯潘迪尧尔)战胜了阿尔卓斯普的军队,阿尔卓斯普本人也被俘,并被"砍下了一只胳膊、一条腿和一只耳朵,被烧掉了一只眼睛,让他骑着一头秃尾巴的驴回到自己的城市",这么做的目的在于让他告诉希奥尼德人在他身上都发生了些什么。

《阿维斯陀》中阿尔卓斯普的名字经常被写为"阿列尔扎塔斯普",意思是"拥有宝马的人"。他被描述为"撒谎"的人,希奥尼德奴隶的首领,琐罗亚斯德教及其学术的敌人,而他的士兵们都被描述成了魔怪和巫师。②

促使当地的农民和园艺家们在古什托斯普的带领下参加与阿尔卓斯普王领导的游牧民之间的战争的原因和动机是后者对新琐罗亚斯德教的否定,尽管古什托斯普和阿尔卓斯普都是雅利安人出身,并且说的都是雅利安语。

得出上述原因和动机的依据首先在于社会矛盾的激化,社会各阶层关系的日趋尖锐,以及经济和其他重要的相关利益的

---

① Ёдгори зариррон. Садои Шарқ, 1993, 5–6, с.124.

② Энсиклопедияи адабиёт ва санъати тоҷик. Душанбе, Т.1, 1988, с. 181.

冲突日益激烈。图兰民族主要的生活方式是游牧,他们基本都是牧民,居住在帐篷里。由于寒冷冬季和炎热夏季牧畜用的饲料数量减少,这些牧民不得不占据他们牧场附近的新熟地。"绿草拿来当饲料,干草用来焚烧"带来的威胁,是牧民和游牧民族的生活方式的直接后果。

巴克特里亚人和塞克人的社会分化仍在继续:首领和国王、贵族与上层人士、农民与地主、牧民和庄稼人、市民、游牧民、马兹达和魔怪的追随者……封建贵族和琐罗亚斯德教教民的等级及作用有所提高。

阿姆河三角洲的空地、卡博颠、瓦赫什河、吉萨尔、巴里黑、巴克特里亚及其周边地区居住着一些定居的民族,而游牧民族则搬到了从萨黑斯坦(锡斯坦)到萨科什姆(伊什克什姆)、从锡尔河岸边到高加索草原的广阔地区。

阿契美尼德王朝的史料、印度人的手稿以及公元前 6 至前 5 世纪古希腊人整理的资料中都能找到有关"苏摩酒的歌颂者"塞克人、戴尖顶帽的塞克人、居住在粟特附近的塞克人及其他塞克人的资料。

古希腊史学家错误地将塞克人和斯基泰人当成一个民族,这也造成了历史科学的错误。根据贝希斯敦铭文的记载,公元前 519 年,大流士一世在结束了激烈的战争之后俘虏了戴尖顶帽的塞克人的首领司孔赫,该首领领导了反对大流士的起义。之后大流士为戴尖顶帽的塞克人选择了新的首领。据贝希斯敦铭文的记载,在强大的竞争对手大流士一世旁边,为司孔赫划定了一块属地。

古罗马史学家克文特·科丘斯·鲁弗列举了几样塞克人非常敬仰的东西,塞克人把这些东西看作是上帝赐予他们的礼物。

其中包括:用于抵御外敌的矛和箭、用于农耕的木犁和轭以及用于宗教祭祀的圆形容器。上述这些东西在生活的各个领域都能用到,他们被塞克人奉若神明。同时也是社会被划分成各个等级的约定俗成的象征。

凯拉库姆文物(首先对其进行发掘的是 А·П·奥科拉德尼科夫和 Б·А·利特温斯基)表明,这些地区土生土长的居民主要从事的是狩猎和畜牧业。在游牧营地里曾经发现过绵羊、牛和马的遗骸。游牧营地本身由几个宅子构成,一些宅子里还有炉灶。宅子的长度通常可达 20 米,宽度可达 10 米。每一个这样的宅子里都住着某一家族的成员。在这些游牧营地还发现了石磨,表明那些地区的农耕业作为副业有了一定的发展。

根据塞克人位于锡尔河下游地区的游牧营地遗址可得出结论:除了畜牧业,当地人在这些地方还曾从事过农业。

巴克特里亚和粟特畜牧业及农业发展的一个典型例证是扎孟·勃勃(公元前第二个千年)和别什肯特(公元前 14 至前 8 世纪)的遗迹。历史研究者认为扎孟·勃勃是畜牧业和农业部落最古老的一个避难所;在进行考古发掘工作时这里曾经发现过一个地下室,找到过两个罐子、一个陶炉、一个一半破损的炉灶和一些其他的东西。地下室里有一些绵羊、山羊和野生动物的遗骸,还有一些已经变黑了的小麦及大麦,以及手工磨坊残墟、镰刀、打火石的残片。

瓦赫什河文明的出土文物(公元前第二个千年)是一些陶瓷器皿、铁器(镜子、刀和匕首),石制和骨制箭镞也表明农业和畜牧业的高度发达。寺庙旁许多祭祀火堆的痕迹也证明了这些地区土生土长的居民信奉的是火神教。

在专家们对考古发掘出来的东西进行仔细的分析时,我们应该强调一点,即古巴克特里亚和粟特的定居居民和游牧民族在构成塔吉克民族方面发挥了巨大的作用。也就是说,游牧的塞克民族和定居下来并从事农业的雅利安民族为民族语言及民族特征的形成,为获取民族文化生活的特征作出了相应的贡献。

毫无疑问,广袤的阿姆河流域、喷赤河及瓦赫什河两岸连同他们肥沃的原野都有利于农业的发展,增加了播种面积,提高了农民的耕种技术。在那些适合居住的地方出现了巴克特里亚居民所建造的城市和乡村。

阿什特村米赫拉布拱门顶部

伟大的尼罗河创造了古埃及,神圣的恒河让童话般的印度闻名世界,广阔的黄河流域让中国为世人所知,而阿姆河及其喷赤河与瓦赫什河的支流也在塔吉克人的文明中占据类似的地位。

巴克特里亚的农业被认为是其居民从事的一项主要劳作。克文特·科丘斯曾这样写道:"巴克特里亚的大自然丰富多样:

那里葡萄园的葡萄不仅丰产,而且汁多味美;充足的水源灌溉着炽热的土地;肥沃的土壤上播种着小麦,其他的土地用于牲畜的放养,但是大部分的土地都是不毛之地。"普林尼在著作中写道,巴克特里亚人曾经培育过小麦,每个种子有麦穗那么大。农业分为水田农业和水浇农业。公元前 5 至前 4 世纪从瓦赫什河曾经打通过一条水渠,似乎就位于现在的朱伊布里·勃罗河河口。这条水渠灌溉了大约 50 公顷的土地。①

畜牧业和农业成了古巴克特里亚居民文化发展和物质成果的一个新的里程碑,并在琐罗亚斯德教存在期间迈上了一个新的台阶。与土地和耕地密不可分的农牧民们在某种程度上摒弃了自由的游牧生活方式。当然,在这样的一种发展水平上农牧民的生活也更有保障,定居生活让他们开始建造房屋,进行商品的交换和贸易,生产生活必需品、制作劳动工具。

如果农业要求必须要建造固定的住房和避难所,那么商品交换和贸易就会促进专门从事手工业的地区的出现,城市建设和生活设施的配置,以及建筑文化的发展。在道路交汇处、土地的灌溉区、土壤肥沃区和其他人丁兴旺的地区开始出现最初的城市。

当然,这些发展是古巴克特里亚在琐罗亚斯德教出现以前取得的。从卡博颠和铁尔梅兹到巴尔赫和赫拉特、木鹿和尼索有上千座设施完善的城市和大型的村落。为了证明这一事实,我们可以回忆一下上面提到过的卡拉伊·米尔、凯库巴德沙赫、塔赫迪·库勃德和塔赫迪·桑吉恩等考古遗址。可以补充的一点是,仅在瓦赫什河和喷赤河交汇处就有几十座城市,包括别什

---

① Ғафуров Б. Тоҷикон. Душанбе,1998. Китоби.1,с.103.

肯特、沙赫里·图斯、艾瓦奇等,这些城市的名字一直保留至今。在瓦赫什肥沃的宽阔地带灌溉体系非常完善,学者们在别什肯特的河谷里发现了相关的证据。

因此,农业和畜牧业成为古巴克特里亚居民生活的一个重要部分,同时也促使了当地居民开始定居生活、发展手工工业、建造城市、修建主要的要塞和防御设施,在创造文化价值观的同时也促使了国家和国家统治萌芽的出现。国家发展的表征首先表现为一定的地理领土和边界的巩固,以及对该领土及边界地区的保护,建立行政管理政权、常规部队,确定国旗、作为国歌使用的典仪歌曲、本国的货币单位、发展经贸关系,修建商路、贸易中心和商业仓库,明确精神宗教准则,这些准则都是由琐罗亚斯德教的传道士传播的。除此之外,国家发展的表征还表现为《阿维斯陀》圣经的出现,以及民族和语言的统一。

当阶级矛盾和经济矛盾达到顶峰并亟待解决的时候,当各社会阶层的利益产生矛盾的时候,此前的生活方式难以为继的时候,国家和治国体系就出现了。

这样,基于上述事实,我们可以得出一个结论,在古什托斯普统治和琐罗亚斯德教产生的时代,巴克特里亚已经成为了中亚国家中最强盛、最发达的国家之一。阶级矛盾和社会矛盾的出现、增长,社会阶层逐渐分化,贵族、领袖和官员的形成,庄稼人和畜牧人在社会中的地位得到巩固,对奴隶和囚犯的剥削,所有这一切导致了古巴克特里亚各人群之间在社会和经济上的分化。一些具有影响力的阶层,如王公、贵族、军事头领、祭司、僧侣等逐渐巩固并且扩大了自己在社会上的地位。同时,手工业者、农民、畜牧人和商人的地位也得到了巩固。随着城市的建立,堡垒和防御性建筑、商业中心和商队道路的出现,城市居民的生活水平有了明显的改善。

城市的建设促进了建筑业和城市建筑的改善,加强了商品交换和贸易,发展了手工业和优雅艺术。总之,出现了为塔吉克国家的形成和巩固所必需的先决条件。

先辈们在历史和文学典籍中将巴克特里亚国和它的周边地区称为奥里延沙赫尔(或伊朗沙赫尔)也不是没有缘由的,这一说法证明了当时城市建设的发展。"奥里延沙赫尔"一词来自"雅利安人的故乡",主要意思是"巴里黑和巴克特里亚的一千个城市"。一个世纪之后,萨珊王国形成了,该国将琐罗亚斯德教奉为国教,并且编撰了《阿维斯陀》。在这个时期,人们开始把这片土地称作"伊朗沙赫尔"。因为《列王纪》中记载着的"伊朗沙赫尔"的意思也是"雅利安人一千座伟大的城市",而这些城市主要坐落在巴里黑和巴克特里亚区域内。

无疑,塔吉克人民的日常生活具有城市生活的特征,而这一点又促进了民族素质的形成,养成了人民对科学知识,对诗歌和其他艺术的尊重。

历史学中有一个无法解开的谜,这个谜需要人们解释清楚并且进行严肃、深入的研究,那就是"伊朗沙赫尔"(雅里安纳)这个名称,以及它就历史可信度而言所具有的意义。在希望俾什达迪王朝和凯扬王朝的历史研究者们进行深入研究的同时,我只想说,一些塔吉克学者们或者是出于有意,或者基于对历史错误的理解,将当今伊朗的领土指认为"伊朗沙赫尔"(雅里安纳)这个名称,并且把我们自己祖先的所有文化价值观、历史功绩、文学和科学文物都归为当今的伊朗。另外,他们违背历史真相,将国家和国家管理体系归于古什托斯普时代,并将琐罗亚斯德教信仰同西伊朗的文化成果联系起来,致使塔吉克民族失去了自己丰富的历史、文学和文化遗产。

也许一些无知的伪科学家们并不知道,前雅利安、奥里延沙赫尔和当代伊朗之间的地理差异如天壤之别。从古代到 20 世纪前 25 年,当今的伊朗被称为弗尔斯王国或法尔斯国(波斯)。1935 年在礼萨·汗·巴列维执政时代,伊朗这个名字才被用于称呼国家和民族,当时"伊朗政府正式请求其他国家称呼其为伊朗,而不是'波斯'"。

从阿契美尼德王朝的贝希斯敦铭文中一直到礼萨·汗时代,在有关管理国家的法律和规定的文献、政府机关的公文处理、管理机构的活动或在所有的国家正式文件中,当代伊朗都被称为波斯。但同时应当注意的是,尽管"伊朗沙赫尔"(雅里安纳)和波斯在地理名称上存在差异,但是这并不影响波斯(伊朗)民族和塔吉克民族在语言、文化上的一致性,以及两个民族都归属于同一种文明。

据文献记载,凯扬王朝其他的代表——巴赫曼和胡默,简而言之,已经失去了过去凯扬王朝帝王的庄严;他们所追求的就是消除国内纷争,保存国家及其基础。

但我们也不能无视一个极为严重的历史错误,那就是将阿契美尼德王朝的代表人物多罗布·伊布·胡默和多罗·伊布·多罗布写进凯扬王朝家族。该错误是如何出现在菲尔多西的《列王纪》和其他有关伊斯兰教的历史著作中的,这个问题很令人费解。菲尔多西,这位伟大的历史天才和历史编纂学天才,甚至有过给亚历山大大帝穿上凯扬王朝服装的尝试,随心所欲地讲述历史事实。

也许,菲尔多西将亚历山大描绘成具有王室血统的雅利安人是出于他的爱国情结,憧憬着复兴雅利安人自己的文明和文化,使之能与伊斯兰文明平起平坐,让伊朗成为对抗阿拉伯占领者的统一强国,以此来增强民族自我意识,巩固民族的自尊。

从记载辉煌的凯扬王朝至古什托斯普和巴赫曼统治时期的文献中可以了解到,是他们建立了与"伊朗沙赫尔"(雅里安纳)一样著名的巴里黑城市和巴克特里亚王国。

有关凯扬王朝各皇帝的名字和他们的历史功绩、战绩都记载在了《阿维斯陀》的不同书籍中,如《赞颂书》《神歌》和《驱魔书》。通过古历史文献《阿维斯陀》和更晚一些的传说,这些皇帝的功绩被记录在了巴列维语文献中——《本达希什纳》《宗教卷宗》《智慧米纳》《卓摩斯普记》《盲人碑》,稍晚一些被记载进了《胡多诺伊玛》(《圣书》)和阿布曼苏利的《列王纪》。可以想象出,《列王纪》的编纂者们和历史编纂学家们在提及俾什达迪王朝和凯扬王朝时搜罗了巴列维语文献中有关的历史和神话资料,这些资料都是从塔吉克民族先人编纂的第一部百科全书《阿维斯陀》中得来的。如上所述,《阿维斯陀》中有关凯扬王朝只有部分记载,即从古什托斯普时代一直到琐罗亚斯德教的出现。《阿维斯陀》中有关凯扬王朝的记载,是以古什托斯普与阿尔卓斯普的对抗以及琐罗亚斯德教的出现作为其结局的。

古什托斯普统治及琐罗亚斯德教结束后,在历史文献和编年史中出现了真空,之后有关雅利安人几百年的王国史需要历史学家的填补和注释。需要说明的是,《阿维斯陀》中缺少对军事行动和阿契美尼德王朝统治时期的相关引证。一位研究波斯和米底朝代的著名学者称:"《阿维斯陀》中记载的传说和历史都要早于阿契美尼德统治时期。应该指出的是,《阿维斯陀》中并没有阿契美尼德王朝及其帝王功绩的记载。也没有使用该地当时通行的一些概念和术语——税,钱币,人们的追求等。"

在一些详细的巴列维语文献中,如《宗教卷宗》《本达希什纳》《马兹达记》《塔吉纳梅》《胡多诺伊玛》《列王纪》,或者在伊斯兰历史学家著作的大多数诗篇和散文著作中很难找到有关强大的阿契美尼德帝国及其王朝的记载。在这些原著里,大流士的名字只出现在与侵略战争和亚历山大大帝的天才统帅艺术相关的记述中。

除了能和凯扬王朝平起平坐的大流士和亚历山大外,在历史原著文献、壮士歌和大多数记载帝王史的书籍(《列王纪》)中很少有关于波斯创始人和该国著名帝王的记载。

记载着大流士事迹的贝希斯敦铭文的发现帮助人们寻找到了那段被人遗忘的历史,并使我们对于阿契美尼德统治王朝有了新的了解。

尽管古希腊、古罗马、古巴比伦、亚述以及其他的古代编年史的作者们对阿契美尼德王朝的出现和建立都做过非常有趣的记载,然而,贝希斯敦铭文却还是成为一把通向未知古代历史的钥匙,并且有力地推动了 19 世纪末和 20 世纪初历史编纂学的发展。

令人惊讶的是,200 年前的著名伊朗学者和研究者,既无法破译也无法解释贝希斯敦铭文上的内容。几千年中,贝希斯敦铭文一直以凿在岩洞壁上的几何图案存在着,很明显,谁也无法猜到铭文上居然雕刻着阿契美尼德王朝和强大的波斯帝国最初的那段历史。

非常幸运的是,曾经在英国东印度公司支持下,于 1827—1839 年任英国驻印度大使,之后又为驻巴格达和德黑兰公使的英国人兼东方学家亨利·楼门逊为我们波斯语的弟兄们准确无误地抄写下了贝希斯敦铭文的全部内容,并且开始进行研究,之后着手破译和注解。

这位曾经参与过楔形文字和巴比伦-亚述信件破译的伟大男人多年致力于对贝希斯敦铭文的解读,并且在 1847 年向全欧洲的东方学家们展示了自己的工作成果。

需要指出,贝希斯敦铭文是波斯帝国书面文物和造型艺术中最为罕见的形式之一。贝希斯敦铭文被雕刻于大流士一世统治时期(前 522—前 486),从基尔蒙沙赫到阿巴丹沿途一百米高的悬崖上。

对记载着阿契美尼德王朝的贝希斯敦铭文和其他铭文的破译博得了全世界东方学研究界,特别是西方学派的喝彩,铭文的破译还开启了被人遗忘了的有关薛西斯及其继任者的统治时代。

希罗多德所创立的,风格独特、研究方法特别,并且一直延续到 19 世纪的西方历史编纂学流派,借此实现了新的转变。古代作者的著作被重新阅读和研究,对历史文献中的记载重新进行了评价,这些文献记载成为新理论和研究的对象。同时,西方历史学编纂流派还带动了东方历史编纂学研究的发展和进步。

基于史料研究中的新发现,阿契美尼德王朝的统治时期在世界文明史中占据着重要位置。由于有了贝希斯敦铭文,全世界都知道了阿契美尼德王朝的存在,波斯统治者的名字也为世人所知:

"我——大流士,伟大的皇帝,王中之王,波斯皇帝,诸国的皇帝,维什托斯普的儿子,阿尔沙姆的孙子,阿契美尼德人。"

大流士皇帝说:"我的父亲——维什托斯普,维什托斯普的父亲——阿尔沙姆,阿尔沙姆的父亲——雅利阿拉姆纳,雅利阿拉姆纳的父亲——季什比什,季什比什的父亲——阿契美尼德。

因此我们叫阿契美尼德人。"

自古以来我们都享有尊重,自古以来我们都是帝王家族。

大流士说:"我们家族的八个人都当过王。我是第九个。"

刻在波斯波利斯的伟大的居鲁士的铭文稍晚也被破译,其中居鲁士的名字用了三种语言——古波斯语、伊斯兰语和阿卡德语,如下:

"我,居鲁士,皇帝,阿契美尼德"和"居鲁士,伟大的皇帝,阿契美尼德。"

另外,在历史编纂学中存在一种观点,那就是维什托斯普,大流士的父亲,和凯扬王朝的皇帝古什托斯普是同一个人。有人认为,阿契美尼德王朝也许就是凯扬王朝的继续,他们由于历史的必然性将自己的首都从巴里黑地区迁到了波斯的波利斯,并在波利斯继续进行统治。但是绝大多数历史学家,无论是东方流派还是西方流派的,都不赞成这个观点。他们认为,大流士的父亲——维什托斯普的统治时期和古什托斯普的统治时期不相符。另外,古什托斯普曾是巴里黑和巴克特里亚著名的皇帝,而维什托斯普,大流士的父亲,是帕提亚帝国的统治者。而且贝希斯敦铭文上完全没有提到过琐罗亚斯德教。这说明,古什托斯普——巴里黑和巴克特里亚的皇帝和维什托斯普——大流士的父亲是两个不同的历史人物。贝希斯敦铭文上多次提到高墨塔这个名字,但是有关琐罗亚斯德教的追随者却没有任何资料。历史学家曾经深入研究过大流士父亲维什托斯普和古什托斯普的家谱,他们两人的家谱之间毫无共同点可言。从这点来看,名字的相似只是出于偶然而已,也许在以后的研究中我们可以找到能够正确解释这一切的史实。

同时,也有不少的人认为凯扬王朝的皇帝古什托斯普和大流士父亲维什托斯普是同一个人。伊朗学者、智者伊布拉欣·普里·达乌德同样也支持这个观点。伊布拉欣·普里·达乌德终其一生都在从事研究《阿维斯陀》并且将其翻译成波斯语的工作。

贝希斯敦铭文是最古老、价值最高的历史文献之一，它包括了大量有关大流士一世统治时期的历史文件和大流士之后的阿契美尼德王朝的发展史。

阿契美尼德王朝族谱被发现之后，学者们以此为据列出了一些依附于它的国家。其中，大流士说："以下诸国是我按照光明善神和智慧之主阿胡拉·马兹达的意志得到的，我成了他们的王。臣服我的国家是：波斯、胡齐斯坦省、巴比伦、亚述、阿拉伯、埃及、海边的居民、希腊、米底、花剌子模、巴里黑、巴克特里亚、粟特、甘多拉、塞克、亚美尼亚、萨塔古什、哈拉乌瓦迪、马赫隆等，一共23个地区。"

庞大的阿契美尼德王国在220年间一直是当时世界上强大的帝国之一，它曾将中亚——安息国、花剌子模、粟特、巴克特里亚、赫拉特、塞克等地纳入自己的版图。这个强大的帝国在侵占邻国土地的同时，还为了获得对海路控制的绝对权而战斗。

雅典和斯巴达的海上贸易不断发展，奴隶买卖市场影响不断扩大，这激化了古希腊和波斯帝国之间的竞争，同时促进了贸易联系和海上商品交易的扩大。特别是希腊-波斯大战（公元前5世纪）之后，古希腊人对他们这个强大对手的兴趣越来越大了。

也许从那时起希腊的旅行者和编年史的编纂者乘着商船来到了波斯。其中一位最具观察力的旅游者兼编年史编纂者希罗多德从自己的父亲和祖父那听到了很多有关波斯人袭击他们的历史以及大流士一世的专横,他暗自许下愿望要编纂一部有关希腊-波斯大战的史书。在其一部最重要的古代历史典籍《历史》中,希罗多德详细地介绍了波斯人、埃及人、巴比伦人、犹太人、亚述人、花刺子模人、塞克人,还有巴克特里亚人等其他民族的生活和命运。这部著作作为西方历史编纂学流派打下了基础。希罗多德想让古希腊人的功绩流芳百世,以免他们伟大的事业和行动被历史的洪流无情地吞噬。然而命运却把他从波斯湾带到了埃及、腓尼基、巴比伦和其他远近各不相同的国家。

希罗多德没有亲眼看见巴克特里亚王国,但是他从商人的叙述中听到过这个著名的王国,而且他从谈话者所观察到的现象中已经掌握了有关这个王国的可靠资料。希罗多德简短地叙述了有关古巴克特里亚王国和中亚原住民,特别是塞克人的状况。

能够证明巴克特里亚王国存在的证据是:希罗多德曾经说过,居鲁士在征服米底后的征途中还有巴比伦、巴克特里亚民族、塞克人和埃及人。巴克特里亚王国在文献中和大国,如埃及和巴比伦一同被提及。B.杰依杰尔坚信,古巴克特里亚王国比它周边的国家要强盛,并且在邻国中占有特别的地位。据一些资料记载,马尔吉安和粟特就曾是它的领土。

当谈及居鲁士的军事远征和阿契美尼德王国的巩固时,希罗多德虽然描述了他们如何征服米底国、吉尔坎国和安息国,如何攻占吉尔坎国的邻居塞克国,但是希罗多德却没有描写过他们如何侵占巴克特里亚王国。

历史事实也证明,居鲁士远征摩德王国并获得胜利后,为了巩固波斯帝国,依次(始于公元前 550 年)先征服了安息国、吉尔坎国、米底,及小亚细亚的希腊王国;之后在将近五年的时间内(前549—前545),居鲁士一直在远征,以保证波斯东北边境的马尔基亚纳、花刺子模、粟特、巴克特里亚以及斯基台(阿姆河口和锡尔河边境)境内的安全。大多数人认为,居鲁士远征并扩大了波斯帝国东方疆土后在古伊斯特拉弗尚(现在的乌拉·图别)境内建造了一座边境要塞库鲁卡德(居鲁士城),这座要塞后来以居鲁士卡德(即居鲁士城)而闻名。居鲁士建造这座城的主要目的是为了往后的出征而巩固波斯帝国东部边境,也就是说为了日后征服强大的巴比伦和古埃及。正如上面我们已经提及的那样,尖帽塞克人,"歌颂苏摩酒"的塞克人和粟特周边的其他塞克骑士们以自己的大无畏精神和伟大的战争军事才能给那些渴望权力的皇帝们带来了恐惧。

古代学者斯特拉波、尤斯吉努斯、阿里安、科丘斯等都认为这座城市的奠基人是居鲁士,并且把它称为居鲁士城。应该注意的是,亚历山大大帝一直打到了居鲁士城。在居鲁士之后,他大概是修复并且巩固了这座边境要塞,还把要塞作为镇压粟特、乌斯特鲁弗尚(即伊斯特拉弗尚)和古撒马尔罕人民起义的军事基地。所以粟特人与亚历山大大帝之间最惨烈的一场战役发生在居鲁士城(后来这座城市以"亚历山大城"闻名于世)城外也就不足为怪了。

经过仔细研究从古乌斯特鲁弗尚到现在的历史,并且确定了名称和地点的可靠性之后,历史学家和地方志学家 B.米诺尔斯基、B.切雷托后来的著名史料研究家 H.涅戈马托院士在词源学的基础上根据库尔卡特这个名称,认为库鲁卡德(即居鲁士城)这个城市是真实存在的。许多具有说服力的学说认为,居鲁士时期库鲁卡德(即居鲁士城)的名称和今日位于列宁阿巴德纳乌斯区的库尔卡特存在着某种联系。

说起居鲁士对中亚地区的入侵,克泰夏斯提供了一些这方面的有趣的资料。克泰夏斯说,巴克特里亚军队本是决心抗击居鲁士保护自己疆土的,但居鲁士身为总督和摩德国王阿斯提阿格斯的亲戚,却把自己说成为巴克特里亚的军队领袖,打算迫使巴克特里亚的军事指挥官们承认其王权的权威,并且试图让巴克特里亚人放弃屠杀和战争。结果巴克特里亚人相信了他的话,放下了武器,并且自愿达成和解。

事实上,根据希罗多德记载的,在米底王吉阿克萨拉驾崩后传位于他的儿子阿斯提阿格斯。阿斯提阿格斯在位 35 年,被其外孙居鲁士大帝夺权。居鲁士大帝是他的女儿曼达娜和帕尔苏阿沙(一个波斯省的旧称)统治者冈比西斯一世的儿子。公元前 550 年居鲁士大帝宣布自己代替他的外公阿斯提阿格斯成为米底国的国王。

居鲁士大帝登上王位之举得到埃及、巴比伦、亚述和希腊统治者的支持,他成为米底王朝的继承人。在《纳勃尼德·居鲁士编年史》中有这样的记载,居鲁士后来将米底王朝很丰富的宝藏从都城哈马丹(埃克巴坦纳)搬到了波斯,赠送给了一些像帕列苏玛什和安塔什这样穷国的君主,为的是让他们据此登上历史舞台。

由于那段时期米底王国和巴克特里亚王国(中国古称"大夏")两国关系很好(关于这点克泰夏斯也曾提到过),起初巴克特里亚人没有经过战事便承认薛西斯大帝为米底王位的继承人。为加强上述史实的可信性,我还想补充一下:克泰夏斯还提到了米底国王阿尔巴克发动的反对亚述国王萨尔达纳帕尔的叛乱,为了平息这场叛乱,巴克特里亚人本应该帮助亚述王朝。但是当阿尔巴克得知巴克特里亚的军队就在附近时,他却迎了上去,并向巴克特里亚人请求帮助。为了摆脱对亚述国的附庸关系,阿尔巴克和巴克特里亚人决定一起灭掉亚述。亚述人对此未有丝毫察觉,仍很乐观,并将巴克特里亚人继续看作是自己的盟友。不久之后亚述人战败,阿尔巴克和巴克特里亚人共同庆祝了他们的胜利。

很多史学家认为这不过是段传说,但是无论怎么说,这些信息证明了当时米底国和巴克特里亚紧密的经贸联系以及友好的睦邻关系,同时也说明了琐罗亚斯德教在相邻国家中的广泛传播。不得不指出的是,从口语、历史发音和语法特征的角度审视米底语的一些因素的话,可知该语言与花剌子模语、粟特语和巴克特里亚语非常相近。

在巩固波斯国西北边境之后,居鲁士大帝决定攻打巴比伦。据希罗多德记载,波斯一个非常著名的将领加尔帕格征服了小亚细亚,而居鲁士大帝占领了西亚。公元前 539 年,居鲁士大帝的军队向巴比伦进军,并且在短时间内没有费太多力气便进入了这个强盛的国家。经过一番血战,波斯将领戈布里亚在幼发拉底河边击垮了亚述王那波尼德的大军,并在几天之后部队开进了久负盛名的巴比伦。一些历史学家认为巴比伦之所以这么轻易地被击垮是由于巴比伦王那波尼德的单边政策,愈演愈烈的内讧以及城内僧侣的不满等诸多因素。巴比伦王朝任意践踏国民的民族尊严,侮辱国民的宗教信仰,抢劫和玷污人民的祈祷室和庙宇。

巴比伦的不明智政策是导致国家迅速瓦解的重要原因之一,通过亚述国王纳希尔波尔的一席话便可见一斑:"根据我的守护神阿希尔和伊什托尔的命令,我和我的军队和战车进攻了伊诺亚城,并且经过一番鏖战后将其占领。六十万士兵的头颅被砍下,三千兵勇被活活烧死——我不允许留下任何一个军人成为活着的俘虏;城市首领被我亲手扒皮,我又率部向金城方向进发。金城人民不向我投降,我不得不向他们进攻,并血刃了三万居民。很多人被活活烧死,还有很多俘虏被砍下手指和鼻子、刺瞎了成千只眼睛和割掉了上千条舌头。城中尸体堆积如山,被砍下的头颅都被悬挂在葡萄园中。"

与巴比伦君主的做法不同,居鲁士大帝采取了非常明智的国家政策,并且尊重其他民族的宗教信仰。每到一个国家,他都要特地地承认当地的神灵和宗教,宣布自己是合法继承人,并且按照当地的法律和习俗来为自己加冕。

一些巴比伦的神甫认为居鲁士大帝是巴比伦神马杜克的儿子,并且心怀敬畏地助他登上王位。按照今天的理解,2500年前居鲁士大帝的治国政策是建立在世俗的基础上的。可能正是因为这样,波斯王国才得到了全世界的尊重,并成为那个时代的强国。在一个石碑上刻着居鲁士大帝的一段话:"我居鲁士,是万王之王,伟大的王,强大的王。巴比伦的城内建筑和圣地令我心驰神往。我下令,让所有的人都可以在祈祷室中自由地向信奉的神灵祷告而不被无神论者欺压;我下令,谁也不可以损坏别人的房屋;我下令,谁也不可以伤害别人。伟大的神对我满意,而我——居鲁士,和我的儿子冈比西斯以及我的军队将神圣地踏上正义之路。"

同时应当注意到,居鲁士大帝用明智的治国政策和世俗的思想,实现开辟新的疆域、使波斯帝国更为强盛的目标。古代和现代的历史学家证实,居鲁士大帝在攻打巴比伦之前将自己的密使化装成商人、传教士和布道者派往那里,目的是要博得被压迫的各民族和信仰的人对阿契美尼德王国的好感。仁慈的居鲁士大帝特别对从尼布甲尼萨时期就在巴比伦做俘虏、备受压迫的以色列民族非常仁慈。他向犹太教堂归还了很多珍贵的东西、金银器具等在耶路撒冷大劫难时期被抢劫的犹太圣物。此外，42000 名犹太人、包括 7000 名奴隶被派去重建圣城耶路撒冷。所以以色列族的先知非常尊敬居鲁士大帝，并将他的名字记录在犹太圣经中。

居鲁士大帝重建了巴比伦、亚述和埃拉格玛的大部分庙宇，他以慷慨闻名于世，并且还允许成千上万的人们回归自己的早期宗教，信奉自己的教义。然而不能否认阿契美尼德王朝的本质便是推行掠夺性的大国政策。

战胜巴比伦之后，居鲁士大帝想要征服古埃及。但是波斯东北部局势不稳定，加上没有归顺居鲁士的马萨格泰部落不间断的袭击，迫使他不得不将计划延后。最后，居鲁士大帝将巴比伦王位传于他的儿子冈比西斯二世，公元前 530 年夏天，居鲁士大帝将不同部落和民族的人们集结起来组成了一支大军，再次挥师中东。此行的目的是巩固自己的疆界，并且推翻马萨格泰人的政权。

关于马萨格泰人的民族属性和居住地，学者中有很多不同的意见。根据希罗多德所述，居鲁士大帝最后一次军事行动旨在打击住在克拉克斯河（阿姆河）对岸的马萨格泰人："马萨格泰人的女王名叫托米丽斯，她在丈夫死后就开始了对马萨格泰人的统治。居鲁士大帝一开始派人去说媒，想娶托米丽斯。但是托米丽斯明白居鲁士大帝是想占有马萨格泰的土地，联姻不过是个借口，于是便拒绝了居鲁士。居鲁士知道欺骗不成，便率领军队向克拉克斯河靠近，准备渡河。当居鲁士大帝忙着做战争准备时，托米丽斯派去了使者捎信说：'停手吧，米底国王，你不知道你现在所做的会如何收场。停下来去统治你的人民吧，不要妨碍我们的统治和我们自己的事'。"托米丽斯的儿子斯帕尔加皮斯被俘后自尽。

然而居鲁士大帝并没有听从托米丽斯的建议，于是托米丽斯便聚集了自己的军队向居鲁士进攻。在所有马萨格泰人的战役当中，对居鲁士的这场战役是最惨烈的。相传当时战场上是这样的："开始时双方从远处用箭射对方，后来箭用完了，便用剑和矛厮杀，双方长时间交战，但是谁也没有后退。居鲁士大帝的战士大多战死，而他自己也被杀了。居鲁士大帝共执政 28 年。在找到居鲁士的尸体后，托米丽斯用居鲁士的头颅蘸着人血，说道：'这场战役是我胜了你，但是你带给我了巨大的痛苦，使用奸计夺走了我的儿子，现在我要让你的身体里沾满鲜血，就像我向你承诺的那样'。"

希腊历史学家证实说，居鲁士大帝的尸体一年后被他的儿子冈比西斯二世花大价钱赎回去，葬在帕萨尔加德（阿契美尼德王朝的第一个都城）。不管有无此事，居鲁士大帝的陵墓至今犹在，成为对那个时代历史的记忆。

说起在贝希斯敦铭文中记载的巴克特里亚王国时，总是相伴记载着这个国家被大流士一世侵占的土地——从花剌子模到粟特和巴克特里亚（在塔吉克语中发音为巴里黑）的地域。

第二次和第三次出现这个国家的名字时是在叙述平定弗拉达的木鹿人叛乱时："大流士一世说：'在一个叫木鹿的国家发生了反对我们的暴乱，他们选择了一个名叫弗拉达的木鹿男子做他们的领袖。我也让我的奴隶达达尔希什去回击他们，他曾经是巴里黑的首领。'大流士对达达尔希什说：'去把反对我，不承认我是他君主的军队消灭掉。'随后达达尔希什就带着部队和木鹿人战斗了。阿胡拉·马兹达帮助了他,大流士的部队战胜了大部叛军,战斗发生在阿斯里迪亚月(波斯人的月份名称),持续了23天。"

大流士说:"然后那个国家就是我的了,这就是我在巴克特里亚所做的。"

值得一提的是,在居鲁士大帝的儿子冈比西斯二世和大流士一世在位期间,阿契美尼德境内叛乱和造反时有发生。祭司高墨塔发起了暴动,大流士一世花了两年的努力才将其平定。这件事在贝希斯敦铭文中有所记载,我们用大流士自己的话来简短地概括一下这场暴乱。

大流士一世说:"按照阿胡拉·马兹达的命令,在登上王位之后我开战十九次,在得到阿胡拉·马兹达允许的情况下,我战胜并俘虏了九位君王。"

我们不再赘述其他叛乱,现在我们直奔主题——巴克特里亚、粟特以及塔吉克人国家制度的命运。弗拉达之乱起于木鹿,木鹿和巴克特里亚以及粟特相邻,冒险家祭司高墨塔也死在临近巴克特里亚和粟特的尼索城。值得我们注意的是木鹿和尼索城的历史命运与巴克特里亚和粟特紧密相连,虽然在阿契美尼德波斯王朝统治期间,从政治的角度考虑为了便于统治和征税,这几个国家被分成几个省——巴克特里亚、粟特、花剌子模和帕提亚(中国古称"安息")、塞克国。在前巴克特里亚的境内从没停止过争取独立和推翻阿契美尼德家族的斗争。据希罗多德的记载,花剌子模、粟特和帕提亚是第16省,要交200塔兰(1塔兰约合30kg)的税;巴克特里亚是第12省,要交360塔兰的税;塞克国是第15省,要交250塔兰的税。

祭司高墨塔的命运以及他领导的起义是古希腊历史学家在

有关巴克特里亚的记述中令人非常感兴趣的部分。贝希斯敦铭文中，大流士说，居鲁士大帝的儿子冈比西斯二世有个同父同母的亲弟弟——巴尔狄亚。在冈比西斯二世登基的时候秘密地将自己的弟弟给害死了。但是民众并不知道巴尔狄亚已经死了。之后，冈比西斯二世准备进攻埃及，但是民众不愿意这样做，一时间国内出现了很多流言。正在此时，来自阿拉卡德里士山区，巴士沙屋瓦斯的祭司高墨塔称自己是巴尔狄亚，将波斯和米底的民众吸引到了自己这边。他得到了波斯、米底和其他国家的支持。冈比西斯二世死了，却没有人敢将政权从伪皇帝手中夺回，并还给阿契美尼德家族。

后来大流士一世在几个能人智士的帮助下在尼索州的西卡亚乌瓦提士要塞杀死了高墨塔和他的几个亲信。大流士一世用这种方式恢复了阿契美尼德家族的王权。

古希腊历史学家希罗多德、克泰夏斯和色诺芬以及伟大的希腊悲剧剧作家埃斯库罗斯都不知如何处置这段记述，不理睬贝希斯敦铭文中的记载，并发表了许多不同的观点和版本。

按照希罗多德的记载，巴尔狄亚与自己的哥哥冈比西斯二世一同被派去进攻埃及。但是冈比西斯二世出于嫉妒又将巴尔狄亚送回了波斯。冈比西斯二世的嫉妒来源于他做的一个梦，梦中巴尔狄亚取代他当了皇帝。而后又发生了一件事让冈比西斯二世的嫉妒升级了，埃塞俄比亚的国王送来了一把紧弦弓，巴尔狄亚却能将此弓拉开，乃至弓背都缩进两指的距离。因此，在巴尔狄亚回国后，冈比西斯二世命令一个名叫普列克索斯普（名字的意思是"骑花斑马的人"）的波斯人将他秘密杀害了。

两个冈比西斯二世的心腹——普列克索斯普和一个名叫帕提健特的祭司知道此事，而其中的帕提健特却正在觊觎王位。

他说服了自己的兄弟斯莫迪斯,让他称自己是居鲁士大帝的儿子,从而去篡位夺权。

而克泰夏斯是这样记述的,居鲁士大帝在死前很久就比较欣赏他的小儿子巴尔狄亚(克泰夏斯称他为"塔尼奥克萨尔克"),给了他很多特权,并且任命他统治巴克特里亚、花剌子模和帕提亚。克泰夏斯记载道,当时他是大流士二世和阿塔薛西斯二世的宫廷医生(前416—前399),宫里流传着可怕的传闻,说是大流士杀死了居鲁士大帝的儿子。一些古代和后期的历史学家并不认同克泰夏斯的说法。不过克泰夏斯却是唯一一个对高墨塔被杀事件准确翻写贝希斯敦铭文的作家。

据克泰夏斯所述,巴尔狄亚(塔尼奥克萨尔克)曾是巴克特里亚、花剌子模、帕提亚和卡尔玛尼亚的总督。一个名叫斯特方达特的祭司做错了事,巴尔狄亚严苛地责罚了他,一直把他打得失去知觉。后来斯特方达特跑到冈比西斯二世那里诽谤了巴尔狄亚。为了验证祭司说的话,冈比西斯二世让巴尔狄亚到他这里来,但是巴尔狄亚由于国事走不开,这便增加了冈比西斯二世的怀疑,于是他再三地要求巴尔狄亚到他这里来。后来巴尔狄亚终于到冈比西斯二世那儿去了,冈比西斯二世让他饮牛血,然后巴尔狄亚就死了。斯特方达特与巴尔狄亚长得十分相似,他穿上巴尔狄亚的衣服,假装自己就是他。这个秘密保守了五年,冈比西斯二世甚至还任命这个斯特方达特(伪巴尔狄亚)做省督,好像他就是自己的弟弟。

最后这个伪巴尔狄亚在进攻埃及的时候,称自己是居鲁士大帝的儿子,并称自己是法定继承人,篡夺皇位。

高墨塔共执政七个月,这在贝希斯敦铭文和希罗多德、克泰夏斯的作品中都有记载。

据古希腊历史学家的观点,在高墨塔掌权期间,他的内廷中更有影响力的不是波斯人,而是米底人和其他外族人,这就使得我们不得不做这样的思考,这次暴动的目的是从阿契美尼德王朝和波斯达官权贵手中夺得政权和推广琐罗亚斯德教,该宗教一直得不到波斯人的认同。在贝希斯敦铭文中记载了高墨塔圣像被毁,而希罗多德却记载说高墨塔用三年的时间改变了赋税政策,减轻了人民的负担。后来七个波斯内侍官和重臣与大流士串通在一起,杀死了高墨塔,将王位归还给阿契美尼德家族。

克泰夏斯在自己的著作中写道,阿契美尼德王朝东边最强大的邻国是巴克特里亚王国,而巴克特里亚王国里还有粟特人和印度人(印度是巴克特里亚的邻国)。当为了争夺沙赫皇位血腥的内战纷起的时候,巴克特里亚成为各位王位的候选人的倚靠对象。比如在沙什亚尔沙赫一世在位期间,先是他的兄弟奥利耶曼在巴克特里亚于公元前 486 年发动起义,而在公元前479 年他的另一个兄弟马斯涅特同样选择了在巴克特里亚起事。

而阿契美尼德王朝在统治巴克特里亚的时候也都是选用了非常有才干的王子,比如巴克特里亚的总督、阿塔薛西斯一世的兄弟维什托斯普便是王位候选人。处死沙什亚尔沙赫之后,阿塔薛西斯一世在帕提亚权臣阿尔塔本的帮助下登上了王位。

阿尔塔本来自巴克特里亚的邻国——木鹿。他在阿塔薛西斯还年轻的时候,曾经有一段时间代行王权。此后阿尔塔本决心杀死阿塔薛西斯从而独掌大权,但是没过多久阿尔塔本被杀,取代他成为王位觊觎者的是阿塔薛西斯的兄弟维什托斯普。

阿尔塔本死后,阿塔薛西斯一世决定除掉自己的兄弟维什托斯普(此人与巴里黑皇帝古什托斯普毫无关系)。公元前

465年,阿塔薛西斯一世向维什托斯普派去一支大军,一举打败了维什托斯普,同时也除去了又一个觊觎波斯王位的人。阿塔薛西斯一世执政期间经历了许多重大的变革。巴克特里亚以及一些邻近地区为独立而斗争的首领,大都被杀害了。阿塔薛西斯一世同希腊发展了文化和贸易合作。古希腊著名历史学家希罗多德就曾在阿塔薛西斯一世执政期间到过波斯,写下了名著《历史》。

阿契美尼德王朝王位的另一个觊觎者是小居鲁士。他曾短时间地统治过小亚细亚,而后又君临过巴克特里亚。公元前401年,小居鲁士曾率军征讨自己的哥哥阿塔薛西斯二世,但最终失败,他本人也在库纳克斯一役中负伤。

显然,历史证实了克泰夏斯的话,巴克特里亚王国强盛且富有影响力,其历代统治者都为夺取阿契美尼德王朝的王位而战。

据克泰夏斯所述,巴克特里亚贵族出身的青年在波斯宫廷极具威信和影响力。他把巴克特里亚的阿塔薛西斯称作沙什亚尔沙赫宫廷里"国王的眼睛"。阿塔薛西斯是巴克特里亚出身,在史书中常被称作亚美尼亚统治者奥罗尼特之父(他的妻子是沙什亚尔沙赫的王女劳娜)①。

因而,可以确定地说在阿契美尼德宫廷,巴克特里亚出身的达官贵人所享有的威信以及所具有的影响力是十分突出的,他们作为可靠的顾问参与所有的国家事务。也许,正是由于巴克特里亚人与王位的这份亲近促使他们去动员自己的力量夺取强大帝国的王位。虽然,他们没有能够完全掌握国家政权,但他们

---

① 参见 И.В.皮扬科夫著《古希腊史学家克泰夏斯笔下的中亚》,杜尚别,1975年版,第35页。

的表现却好像是波斯帝国东部绝对的统治者。

关于管理、税收征管、镇压叛乱和备战的问题，阿契美尼德王朝的皇帝们都得依靠巴克特里亚的执政者和地方上的贵族青年。勇敢且富有作战经验的巴克特里亚和塞克战士、巴克特里亚战马、优良的战斗装备以及骑兵配备，这些都为阿契美尼德王朝时期帝国的巩固和扩张作出了显著的贡献，把许多新的土地纳入波斯的版图中。

据巴巴疆·加富罗夫所述，大部分经验老到和狡猾的阿契美尼德军人是中亚人。例如，希波战争马拉松战役中与步兵一同参战的有塞克骑兵队，他们成功地打退了雅典中央分队。在温泉关和普拉提亚战场上，塞克战士也展示了无与伦比的英勇，并创造了奇迹。在波斯统帅马尔多尼奥斯集结军队意欲攻取雅典时，与波斯人和米底人一同被编入序列的还有巴克特里亚人和塞克人。塞克军人作为海军力量也曾与埃及军人一起作战。从埃及到中亚，在阿契美尼德王朝的各个城市中随处可见刻着头戴尖帽的塞克军人形象的黏土板。

古希腊悲剧大师埃斯库罗斯在名著《波斯人》里提到在瓦拉明战役（公元前 480 年）中阵亡的巴克特里亚战士。他还援引了波斯王后阿托普斯的话，讲述了巴克特里亚军队首领特加波尔以及另一位首领阿尔特玛（其麾下有 30000 士兵）的事情。

当外国侵略者进攻阿契美尼德帝国时，巴克特里亚是坚定不移的后盾。因此，登基后的大流士三世在举兵反抗亚历山大大帝时，曾把自己的期望与巴克特里亚联系起来，这并非偶然。然而，大流士三世还是兵败撤退，并最后被杀，而同样是阿契美尼德出身的巴克特里亚统治者贝斯也无力阻挡马其顿人。而此时，斯皮塔蒙以及上百名粟特和巴克特里亚青年高举自由和独立的旗帜,阻挡了马其顿人的进攻。以后,亚历山大大帝转而推行和平政策,并开始拉拢巴克特里亚贵族阶级。众所周知,为了巩固自己在巴克特里亚以及粟特的地位,他还迎娶了巴克特里亚显贵奥克夏特斯的女儿罗克珊娜。

按照西方年鉴学派的观点,巴里黑、巴克特里亚以及粟特乃是凯扬王朝国家体制以及国家管理的基础。凯扬王朝最为强盛的时期正是古什托斯普执政以及琐罗亚斯德教萌芽时期。也正是在这一时期城市建筑、防御工事以及堡垒建设的技术得到发展;社会各阶层加速分化;在阿姆河以及锡尔河沿岸的宽阔地带建立起了上百座新的城市。巴里黑以及巴克特里亚的住民怀有复兴雅利安人神话中乐园的梦想。这是个无上幸福、使灵魂平息的地方,人间的天堂,他们将其称之为雅里安纳。据古代史学家和编年史作者所述,巴里黑和巴克特里亚,或通称古雅利安纳,曾是我们祖先建立的第一个国家,凯扬家族世代为该国的君主。古希腊的众多史料中也清晰地呈现出了伟大而强盛的巴克特里亚古国。

于是,祖先们建立的第一个国家——巴克特里亚-粟特在我们眼前崛起。显然,即使历史学家以及考古研究者们也无法了解该国家体制以及管理的各个层面和所有细节。然而,不可否认,大量事实证明这个古国曾经存在过。

我们曾经提到过巴克特里亚-粟特为世界文明贡献了第一本古代百科全书,即《阿维斯陀》,也建立了最早的一神教——琐罗亚斯德教。《阿维斯陀》不朽的辉煌以及琐罗亚斯德教的经典奥义历经数千年流传至今。犹太教、基督教、佛教以及伊斯兰教的许多习俗都源自光辉的《阿维斯陀》以及琐罗亚斯德教教义。

古巴克特里亚－粟特是国家体制以及管理的最早也是唯一的发源地,是我们祖先唯一的《众城之母》。菲尔多西的《列王纪》以及其他历史作品中把巴克特里亚这个百万人口城市称之为那个著名的雅里安纳塔乐园也并非偶然。

如上所述,我们的祖先得以开启文明和国家建设之门主要得益于他们从很早以前就开始驯化和驯养马匹、骆驼,并且学会通过育种培养出良种牲口。塔吉克民族的祖先依靠快捷的马匹、不知疲倦的骆驼首先发现了许多东西方国家,成为最早的商人。得益于这些役畜,人们又开拓了丝绸之路。

从巴克特里亚－粟特的历史中如果去掉那些阴暗不明的部分,其余则是有趣及内涵丰富的。在古代文明史以及国家史中,尤其对中亚以及西亚地区而言,这个国家及其国家管理方法可谓贡献良多。然而,由于文字史料缺失、考古研究不足、对现有历史文献中的具体内容缺少细致分析,使得该国历史及国家管理方法成为史学家和史料研究家眼中的边缘课题。

古巴克特里亚－粟特国在国家管理的惯例及传统、行政监察机关、边远地区的专门管理、组织强大军队及骑兵队、保卫国境、独具一格的国家建设方法及防御工事建设、发展贸易和通商道路建设、文化和科学的水平和普及率以及把宗教道德标准运用到日常生活等很多方面都符合古代一流国家的标准。

以后,从古巴克特里亚－粟特国衍生出了数代塔吉克人的民族文明和国家体制。这一文明和体制存续于第二个千年和第三个千年,成为全世界所承认的著名国家。

第八章　嘉穆舍德的王座以及
三段历史时期的解密

　　我们坐飞机去古波斯帝国,现今的伊朗,世界征服者居鲁士
大帝和大流士的国土,这里坐落着波斯波利斯古城的废墟,即
"嘉穆舍德王座",还有贝希斯敦崖石上著名的铭文。我们乘坐
的飞机从杜尚别机场起飞,飞上广阔的天空,留下围绕着首都杜
尚别的群山。勉强还能辨认出蜿蜒的杜尚别河、卡费尔尼甘河
以及繁荣的村庄、城市的轮廓。朝着阿姆河广阔河岸延伸出的
绿色农田令人赏心悦目。我们的祖先把这片土地命名为瓦洛德
鲁是多么贴切,阿拉伯人则称之为摩瓦鲁纳赫(即"在河对
岸")。因为从这块位于妫水(阿姆河)和叶河(也叫"药杀水"、
锡尔河)之间的人间天堂孕育出了生命。希腊人不无尊敬地称
这两条神河为阿克苏斯以及塔奈斯,而阿拉伯人称之为妫水和
叶河。

　　这两条伟大的河流与其大大小小的支流成为中亚地区的水
路命脉,数千年来为这一地区提供赖以生存的水源。所以,我们
祖先把河流神化并对其崇拜是有根据的。在阿姆河、锡尔河谷
流域数十个知名王朝相互更替,上百位统治者及侵略者早已无
迹可寻,上千座城市和村庄化为尘土,但在呼罗珊和瓦洛德鲁,
人们的生活却从未中断。新的王朝取代旧的,新的统治者取代
死去国王掌握政权,人们开始在从前的废墟上居住,修葺被毁的

城市并重新建立起数以百计的新城。

而在 20 世纪末 21 世纪初的现今,阿姆河及锡尔河的慷慨赋予一如数千年前,依旧是我们生活的基础。

如鸟儿般在高空飞行,我仿佛听到了祖先的召唤和祝福,听到了《波斯古经》的临别赠言。我们要把这福音带给我们同宗共祖的伊朗朋友们。

每次踏上伊朗的土地,我整个人都感觉是来到了亲密的朋友和亲爱的兄弟家里。我在造访这个植根于《阿维斯陀》和琐罗亚斯德教的国家,这个同塔吉克民族有着相同命运及语言、共同精神财富及历史遗产的地方。而共同的语言、心灵的契合源于远古,有深远的历史根基。

正如伊朗人认为本国经典文学的奠基人是鲁达基一样,塔吉克人也在初生婴儿的摇篮里放上用词华美的萨迪和智者哈菲兹的诗集,他们有着神奇功效的诗句可以带给孩子们幸福。肖赫·赫姆什在伊斯法罕出生而被葬在哈特隆州的锡克教区、米尔·赛义德·阿里·哈马达尼在哈马丹出生却长眠于哈特隆州、阿布阿里·希诺在布哈拉取得世界性的知名度最后死在哈马丹、卡莫力·胡盏迪是胡盏得人而把大不里士作为自己的第二故乡——难道这些事实不足以证明伊朗与塔吉克这两个拥有共同语言和命运的民族自古以来都是肩并肩,携手共进的吗?

我的视线向上滑过白云,思绪却不由自主地飘向伊朗。我还记得第一次踏上这片古老土地的事情。我首先想到的是造访萨迪之墓以及伟大的哈菲兹最后居住的地方。热情好客的当地人建议我先参观霍梅尼墓,但是我心里却想参观萨迪和哈菲兹的墓地,想看看鲁克纳巴德泉(位于伊朗设拉子)和莫萨拉花园。

萨迪的遗骸被安放在设拉子东北部的一个美丽的花园内。陵寝在一个很高的基台上,可以拾级而上。在那台座上,陵寝的入口上方镌刻着这样的铭文:

> "在逝去之后的千年里,萨迪的遗骸让设拉子散发着爱意,但为了心悦身受,你要去深呼吸。"

离陵墓稍远的地方有漂亮的建筑物,专为休憩及接待旅客和朝圣者。花园里泉水叮咚。参观了萨迪的陵墓后我感触良多。我要感谢萨迪的不朽作品《蔷薇园》中的智慧及训导曾多次为我指明了方向。

哈菲兹的陵墓位于设拉子的莫萨拉花园。也许神听到了哈菲兹心灵的声音,把他领到他最后的居所——鲁克纳巴德岸边的莫萨拉花园。哈菲兹陵寝的圆顶很像托钵僧戴的帽子,内部装饰着辉煌的壁画。坟墓被八根大理石柱包围,石柱稳固地直立在有台阶的基台上。每天都有数百名哈菲兹优美抒情诗的崇拜者到此。与其他朝圣者一道,我参观了哈菲兹的地下陵寝,感谢命运让我到此一游。

当我们返回波斯波利斯古城时,我回忆起了哈菲兹的诗句:

> "看! 亚历山大之镜现出卓米·扎姆,大流士治下的财富正朝你而来。"

波斯波利斯古城位于距设拉子五十公里的地方。虽然,按照传说,这个城市是在嘉穆舍德时代出现的,事实上则是公元前520年至前460年大流士一世和赫什亚尔·沙赫时期建立的。

如果居鲁士大帝的都城反映了阿契美尼德王朝时期建筑艺术发展的初级阶段，那么大流士一世的新都城，后来以嘉穆舍德王座闻名的伊斯泰赫尔波利斯（波斯波利斯）则见证了建筑和国家管理的进一步发展。

居鲁士大帝在强大的米底王国坚实的基础上建立了伟大繁荣的波斯帝国，并把帝国的领土向四面八方极力扩张。大流士则把阿契美尼德王朝的荣耀抬到了更高处，他战胜并征服了自己所有东西方的敌人。古巴克特里亚很难经受住居鲁士大帝和大流士的轮番进攻。阿契美尼德王朝以其优势首先确认了与巴克特里亚的友邻关系，而后是倔强的塞克不安定分子，最后是庞大的伊朗高原亦归入其中。尽管如此，巴克特里亚还是被视作阿契美尼德王国东部的坚强支柱。那时，巴克特里亚统治着从喜马拉雅山脚直至里海的地区。

甚至连亚历山大大帝时期的历史家都大为惊叹的是，在进攻巴克特里亚-粟特时，在这些臣服于波斯的国家中竟然没有一座波斯军事堡垒，没有一名波斯军人。但是应当承认，在阿契美尼德王国强大实力的影响下，古巴克特里亚-粟特已失去往日的荣光。波斯成为文明文化和建筑的中心，成为贸易和商队交通的中心，也成为了外交和海上贸易的中心。

在大流士一世统治时期阿契美尼德王朝的首都一度曾迁至伊斯泰赫尔·波尔斯，希腊人称之为波斯波利斯。据古代历史学家传言，城市建造了50年。2万至3万名不同职业的技师和奴隶从早到晚为建造这座宏伟的皇宫而辛勤地劳动着。

在举行奢侈的登基仪式、盛大的庆典和节日，举行"新日节"庆祝活动的时候，贵客们从东西方不同的国家聚集到这个宏伟的城市。参加这些庆祝活动的有地方军政长官、全阿契美尼德的王公贵族、大沙赫第七代的王子们、著名的统帅和部队长官、贵族高级神职人员以及邻国的大使和代表们。

宏伟的阶式通道通过市广场，通向豪华的皇宫。通道两旁竖立着两座巨大的绘有人面牛身的纪念碑，它们就像是保卫伟大的波斯皇帝的士兵一样，保卫着国家的安宁与庄严。进入大门后，是大流士一世的阿帕旦纳宫殿大厅，由72根18.5米高的圆柱所支撑。萨德苏敦·阿帕旦纳（"百根圆柱"）占地4000平方米，是当时举行庆祝活动，包括庆祝"新日节"最大的宫殿。

传说记载，亚历山大大帝侵占该城后也在萨德苏敦宫里看了一场"新日节"的庆祝活动，但由于妒忌宫殿的宏伟，亚历山大纵火烧毁了这座宫殿。曾经著名的大流士一世皇宫只剩下13根被毁的圆柱，而宏伟的萨德苏敦皇宫基本上什么都不剩了。大流士一世在贝希斯敦铭文中曾希望记载阿契美尼德王朝各个朝代功勋的编年史能得以永久保存，并在临死前嘱咐子孙："如果你看到并销毁了这些碑文和雕像，光明善神和智慧之主阿胡拉·马兹达就会成为你的敌人，他将不再是你的族人，无论你做什么，阿胡拉·马兹达都会将其毁灭。"

也许，不信神的亚历山大大帝遭到了大流士国王和阿胡拉·马兹达的严惩，因为没过几年他的国家就垮台了。这位傲慢的君主在33岁最年富力强的时候离开了这个世界。而他的后代，他的小儿子和妻子罗克珊娜被觊觎皇位的人们处决。在他死后一年内，伟大的马其顿帝国便分崩离析，最终彻底地毁灭了。①

走在"嘉穆舍德王座"的废墟中，我简直无法忍受千年悲痛

---

① Катибаи Доро дар Бесутун, c.92-93.

和忧愁所带来的沉重——古代无与伦比的建筑艺术成就，数万名城市建筑者和工匠们多年的劳动成果就在瞬间化为乌有。持续20年的阿富汗各部落之间的战争让古代的巴克特里亚和巴尔赫遗址消失殆尽；这座古城此前几次被阿拉伯人和成吉思汗后裔损毁。今天地球上最后一些保全完好的古迹也在走向毁灭。

"嘉穆舍德王座"废墟、老巴尔赫遗址、沙赫·凯·库巴德王宫、石头王座、阿夫拉西亚卜和瓦拉赫什的废墟以及上百座被烧毁和被破坏的城市构成了一部活生生的千年历史，它启迪着现在和未来的人们。这就是战争和屠杀带来的后果，这就是觊觎王位带来的后果，这就是无法抑制的权力欲望所带来的后果。

在说到世界其他奇迹的时候，古玩鉴赏家常提到"嘉穆舍德之钵"和"亚历山大之镜"，哈菲兹嘎扎勒诗体中也曾提及它们。人们能从神奇的"嘉穆舍德之钵"和"亚历山大之镜"中看到世界，先辈们认为它们是人类最高智慧的产物。在"嘉穆舍德之钵"和"亚历山大之镜"中，可以观看地球上的7个国家，地球的7个层次，宇宙的7个层次与7颗行星。钵和镜最大的特性在于它们能够向人们讲述过去、现在和未来的故事。

从神奇的"嘉穆舍德之钵"和"亚历山大之镜"的祝福中，穿过几千年厚厚的历史，我们来到了今天，我们将站在新世纪的高度回首过去、展望未来。因为现在的我们连接了过去和将来的命运。

我相信，21世纪将会成为一个思想与行动的世纪，一个具有创造性的世纪。它不应成为一个战火纷飞的世纪。

珍视民族独立和本国国家体制是每个民族的责任。一个缺乏自我意识和民族确定性、缺乏对自己国家的自豪感，没有体味过民族独立的苦辣酸甜的民族,就如同一只没有指南针的航船。

历史证明,塔吉克民族在萨曼王朝统治之前经历过几个辉煌的国家管理时代,产生了不少著名的王朝:巴克特里亚—粟特国、希腊巴克特里亚国、贵霜王朝、安息王朝、胡塔尔王朝等——我们民族的命运由此而形成。

萨曼王朝,特别是伊斯玛仪乐·索莫尼统治时期,可以说是塔吉克民族自我意识、民族自豪感和荣誉感最高涨的一个时期。这一时期,塔吉克科学家、哲学家和神学家对伊斯兰教的学术进行了广泛的传播,使之不断出现新的解释和注释。充满智慧和天才的塔吉克儿女们创造了激励人类几个世纪的艺术和文学杰作。

今年我们庆祝了伟大的全民族节日——萨曼王朝建立

萨曼王朝时代的水晶制品

1100周年纪念日。这个节日对于我们国家来说不仅是对过去的怀念与重视，它更是我们的勇气之源、爱国之源，能够提升我们的国家意识，是在远处照亮我们民族道路和未来的火炬。

随着国家和萨曼王朝的消失，塔吉克民族一千年来丧失了独立。虽然国家语言、国家管理的组织和程序、公文处理的形式、一些机构和组织的领导、贸易和外交政策的实施、财政收入和支出的管理、国家的经济基础、文学和科学活动，还有生活中的很多其他方面都具有民族性质，但国家政权和管理国家的实权却落在别人之手。也就是说塔吉克的大臣和高官虽然在管理国家，但是王位却是属于外国人的。我们的敌人想尽办法要把塔吉克这个名字从史册上删除掉。但是经历过艰难困苦的塔吉克民族，有勇气在血腥战争中保卫和捍卫自己的民族独特性、珍惜自己的名字、语言、文化、古老风俗、传统以及宗教信仰。

另一个关乎塔吉克民族前途命运的时期，是其成为苏联一部分时的争取民族独立时期。这一历史时期功过参半，但是其最重要的成就在于，正是由于十月革命，历经千年后，在世界地图上出现了塔吉克斯坦自治共和国。没过多久，塔吉克又宣称自己成为苏联的一个加盟共和国。这使那些反对塔吉克民族存在的人哑口无言。

苏联的解体带来的是，塔吉克斯坦和其他共和国一起得到了上天无价的馈赠——真正的民族独立。

这一事件可以称作是塔吉克共和国国家体制和民族主权新时期的开始。这次民族独立的取得对于塔吉克斯坦的人民来说相对容易，但是这个独立却也给人民带来了沉重的、花很大气力才能解决的矛盾。国内外憎恨塔吉克斯坦民族独立的势力，想使这个真正最富有的国土归属于自己，他们离间塔吉克人民，点燃了兄弟相残的战争烈焰。这个充满着悲剧的无耻战争在塔吉克民族内外敌人的祝福下,留下了塔吉克历史上黯淡的一页。

混乱和血腥大屠杀在塔吉克土地上似乎没有尽头。但是今天的共和国政府采取了一切努力结束敌对和对立,让人民从事创造性劳动,使国家和平与统一。

在新政府提议下,借助前反对派的力量与合作,依靠一些爱好和平的国家的支持和认同,最终给国内战争画上了句号。

必须指出,在新主权时期我们已经举办了三次全世界塔吉克人参加的论坛。举办这些论坛的目的在于使全世界的塔吉克人和所有讲塔吉克语的人民保持团结一致。一句充满智慧的谚语这样说道:"纵使你把水分成了千段,最终它们还是会聚集在一起的。"我认为,阿富汗问题是 20 世纪末最复杂的问题之一,其解决刻不容缓。火不能救火,血腥的战争也绝不能用另一场战争去扼制。

我们把伊朗伊斯兰共和国看作是自己的兄弟国家,也将这一高尚的民族视为兄弟民族。信奉伊斯兰教的伊朗是第一批正式承认塔吉克斯坦共和国,并在杜尚别开设自己的使馆的国家之一。这个友好的国家与俄罗斯、乌兹别克斯坦和其他一些国家一样,从塔吉克斯坦境内开始出现冲突到冲突结束都尽力帮助我们用和平方式解决争端,而不诉诸武力。因此我们才得以在伊朗,在德黑兰、马什哈德与前反对派的代表们举行一系列的会谈和多轮谈判。伊朗的全权代表与世界上其他一些担保国的代表一起在莫斯科签署了《政府与前反对派之间关于民族和解的协议》,以致力于尽快恢复共和国的和平与和谐。

甚至在激烈地反对菲尔多西《列王纪》1000 年庆祝仪式的年代里,在米尔·萨伊德·阿里·哈马多尼和谢伊赫·卡莫力·胡盏迪的诞辰之日,我们举办了使用同一种语言的各国联合文化活动。萨曼王朝建国 1100 周年纪念日也是一个帮助两国之间拉近距离和进行文化交流的联合活动。

胡尔拉姆沙赫尔文化娱乐中心

　　除此之外,我们在俄罗斯举办的塔吉克斯坦文化文学日、在塔吉克斯坦的俄罗斯文化文学日、在乌兹别克斯坦的塔吉克斯坦文化日,还有在中亚各共和国,特别是在哈萨克斯坦、土库曼斯坦和吉尔吉斯斯坦举办的数十场其他会议,科学和文化研讨会以及论坛都说明了塔吉克斯坦政府对于讲同种语言、有着共同文化和命运的国家所采取的都是和平政策。

　　新的历史转折给年轻的独立国家赋予了复杂的、具有责任性的和艰巨的任务:首先是要结束国内战争,接受难民回国,保证塔吉克斯坦民族和所有人民的统一和密不可分,维护国家完整,加强政治、经济和文化的独立性以及解决一系列其他刻不容缓的问题。受到全社会众多正义和先进力量支持的民族和解和统一政策已经成为国家走向进步的重要一步。

今天,全世界已有 130 个国家承认了塔吉克斯坦的国家主权。由我们这个法制的、民主的和世俗的国家所选择的充满智慧的合作政策已经使得世界上大多数国家与塔吉克斯坦建立了外交关系。塔吉克斯坦共和国与世界上 40 个国家签订了友好、合作、建立经济与科学文化关系条约,在世界上 15 个国家开设了外交代表机构。

生于印度的伟大的英国作家、诺贝尔奖获得者约瑟夫·鲁德亚德·吉卜林,还在 20 世纪初的时候就不止一次地表达过遗憾,认为东西方之间的文化有着不可逾越的界线,他极力号召盎格鲁撒克逊民族为传播和扩展西方文化作出自己的贡献。可喜的是,20 世纪末东西方文化开始慢慢向对方开放,文化的互相渗透和传播开始成为现实。

现在的塔吉克斯坦是这样一些有影响力的国际组织的享有充分权力的成员,如联合国、欧洲安全合作组织、联合国亚洲太平洋经济及社会委员会组织;共和国还是 50 多个国际组织、机构、财政、经济、科学和教育论坛的成员。在塔吉克斯坦开展工作的世界银行、欧洲复兴开发银行、亚洲开发银行、伊斯兰开发银行、国际货币基金组织、阿贾汗基金会、索罗斯基金会以及其他一些组织的代表机构说明了我们所选择的经济改革道路和共和国文化经济成就得到了世界的广泛支持。

一些外国专家认为,塔吉克斯坦在经济、农业改革、私有化、工业发展和建立世俗民主制国家这些领域的成就是最重要的和具有前景的。因此全球的发达国家和文明国家以及很多具有影响力的国际组织完全支持我国的经济和政治改革。

我们的祖先认为,和平是一切善事的开始,是生命的基础,是所有幸福和物质财富的源泉,是善始善终的保证。

正是和平与和解使我们进入了创造和建设时期,巩固了国家独立的基础,使我们实现民族自我意识和民族统一的口号转变为实际行动。正是由于和平和民族的和解,由于共和国居民的真诚支持,数十万我们的同胞离开异国,返回自己祖国的家园,建筑了美丽的住房,并开始从事和平的、诚实的和富有创造性的劳动。

那些不相信和平与和解的现实前景的人,不相信民族团结一致的可能性的人,今天都能看到塔吉克斯坦所取得的进步成为了可能,正是得益于和平与相互谅解。

正是由于和平与民族和解,我们才有可能开始建造一系列对我国发展具有重大意义的项目。这包括库尔干·秋别—库里亚布宽轨铁路、库里亚布—阔勒买—喀喇昆仑国际公路、通过山间隧道的安佐布公路。霍扎·萨尔特兹、桑图丁等地的煤气产地和帕米尔水力发电站和数十个其他重要的经济项目已经投入使用。

在建设桑格图达水力发电站的同时,我们还计划投产"中亚-罗贡"另一个大型水力发电站,建设一系列小型和大型水电站。塔吉克斯坦在水电储备规模上在世界位于领先地位,毋庸置疑,我国在 21 世纪将会变为最大的电力和饮用水出口国之一。

今天在我国境内已经探明了 100 多种地下矿物资源,事实上包括了门捷列夫元素周期表列出的所有化学元素,其中 70 种属于珍贵和稀有品种。

后　记

　　大小河流的源头通常是隐蔽的,肉眼很难发现。最初,只有细细的一条溪水淌出冰河之下,穿过荒凉的峡谷,流过高山森林,变得越来越宽阔,水量越流越大,最终成为波涛滚滚的大河,到达有人居住的地方。岸上的人家常到河边取水解渴,却很少想到水源在何方,也不考虑河水流向哪里。敢于去千里之外寻找江河源头的人则更是少见。

　　国家和文化的历史之路与大河流向十分相似。本书作者受到国家独立、民族自立的鼓舞,下定决心探寻源头——发掘本国民族的起源。这一历史之旅的动因不是单纯的好奇,而是出自对祖国山水、对苦难深重的塔吉克人民的责任感和崇敬。

　　行者不畏路途艰难。本人只是请求读者,不要过分苛责拙著。这是本人的首次尝试。我努力走向历史的源头,并带回一束艳丽的鲜花,献给伊斯玛仪乐·索莫尼的子孙后代。但愿伊斯玛仪乐·索莫尼等祖国伟人之灵为我祝福,鼓励我继续长途跋涉。

附　录

历史长河中的塔吉克人

　　每一段历史时期都会在民族的岁月中留下深深的烙印,影响着一个民族的形成和发展。

　　古老的塔吉克民族,在漫长的岁月里经受了许多严峻的考验。如今我们得以用历史的眼光重新审视走过的道路,因为历史使我们能够逐一审视或者以历史为全景来看待一个民族发展的各个阶段,了解她的兴衰荣辱和她对充实人类物质与精神财富的贡献。而只有了解历史、实现民族自觉,才能展望未来,并给子孙后代留下坚实的生存基础。

　　许多民族正面临历史选择,我们塔吉克人也迎来了决定民族命运的时刻:在寻求政治独立的同时,很重要的是我们要研究好自己的历史,研究好刚刚过去的这些年代,并从过往中吸取教训,确定自己在国际社会中的地位和作用。

　　众所周知,早在塔吉克民族及其文学语言形成之前,我们的祖先就以长期奋力抵制了异域文化和道德观念的侵袭,捍卫了自己的民族特性、自由和独立。

　　拥有几千年历史的塔吉克民族源自雅利安人,是中亚地区的原住居民。当然,塔吉克民族的历史同伊朗语系所有民族的历史是紧密相连的,虽然其中许多具体问题尚待研究,但有一点是毋庸置疑的:我们共同史册中的许多页上都留下了塔吉克儿女的血迹,他们都是渴望自由的光荣的爱国者,是进步的思想者,是民族启蒙的献身者。这是一个从不觊觎他人土地的民族,是一个经常置身于废墟中的民族,但也是一个不断抚平战争的伤痛、再次爬起、像雄鹰一样振翅高飞的民族。

从古至今,塔吉克人多次彰显出勤劳、智慧、富有创造性、爱好科学与教育、广结友邦、维护独立等民族特性。翻阅沾满我们民族鲜血的史册时,心中总会万分激动,那些惨痛的过去不可能被忘记。

历史上,塔吉克的名城曾多次惨遭侵略者灭绝性的屠戮,文化和政治中心也屡次被毁。有史学家记载:"那里除了野猫、野狗,看不到一个活人。"特别是在阿拉伯人统治的压迫下,塔吉克民族饱受屈辱。在侵略者的铁蹄下,布哈拉、撒马尔罕等大城市纷纷陷落。不论我们民族战败与遭受屈辱的记忆多么惨痛,我们都不能忽视它,更不能否认它。这是我们历史的一部分,我们要铭记这一切,要告诉后代,要探明真相,不管它多么悲痛。无视历史,谈不上民族自觉,谈不上爱国主义,更谈不上祖祖辈辈薪火相传。无视历史,民族自豪感只会变成民族利己主义和伪爱国主义。

C.艾尼认为,"塔吉克人"一词作为民族称谓最初指中亚和呼罗珊地区的波斯人,后来用于称呼所有讲波斯语的人。

而"塔吉克人"一词本身又是"雅利安人"的意思,指"高贵的血统"。在现代塔吉克语中"塔吉克人"被解释为"王者、望族"。无论是"塔吉克人"这一称谓本身,还是塔吉克语都有着悠久而灿烂的历史。几千年来,塔吉克人一直都珍视着民族语言这一最为宝贵的财富,将它世代相传。阿拉伯人在其统治时期,曾大力废除被征服民族的语言——达里语。他们焚毁《阿

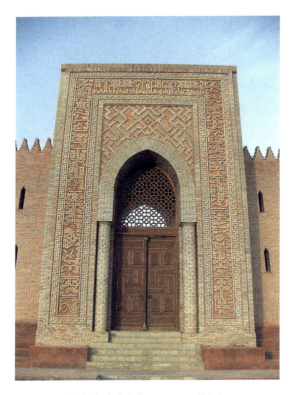

胡尔布克宫（公元 9—10 世纪）

维斯陀》（又称《波斯古经》）的手稿，捣毁书库、庙宇，摧毁繁荣的巴列维文化和达里语的前身——巴列维语在这里的一切标志。在城市和农村，他们处死塔吉克族的学者与文学家，用利剑来铲除我们祖先的宗教，推广自己的信仰。家家户户都感到自己时刻被阿拉伯人监视，被迫遵守占领者颁布的一切指令。珍贵的萨珊、巴赫塔尔、花剌子模、达里和粟特文化的经典文献都化为灰烬。成千上万有学识的人或被镇压，或远走他乡、四海漂泊。

历史证明，妄图摧毁拥有发达文化的民族，特别是消灭他们的语言，这是所有奴役者的本性。他们正是用这样的伎俩来达到自己卑鄙的目的。因为语言是一个民族精神和思想的主要表达手段,是民族文学、文字的基础,是民族生命力的见证。经过长期英勇地捍卫民族独立和领土完整,到萨曼王朝统治时期,塔吉克民族国家确立起来,这成为塔吉克人语言和古老文化复兴的前提。达里语重新焕发生机,出现许多不朽的文学经典、学术论文和专著。

实际上,正是在萨曼王朝统治时期,特别是其中最杰出的统治者伊斯玛仪乐·索莫尼在位时期,塔吉克的文化达到繁盛,科学进步,文学繁荣,国家制度得到巩固。在整整一代伟大的学者、诗人和国务活动家尽展才华的热土上,科学文化的发展获得了良好的条件。民族的优秀儿女、民族的精英汇聚在萨曼王朝的宫廷,塔吉克文明的黄金时代就此到来。今天,在塔吉克民族,甚至整个波斯语世界,进步的全人类都为这些名字而自豪:波斯和塔吉克文学的奠基人鲁达基、学者阿维森纳和菲尔多西,以及名相巴尔阿米和其他几十位名人都是这代人的杰出代表。他们的成就构成了鲜活的精神源泉,几个世纪以来不断丰富人们的思想与心灵。

芳名永载人类史册的还有萨迪、哈菲兹、贾拉尔·阿德·丁·巴尔希、诺西尔·希斯拉夫和许多我们伟大的同胞。谈到天文学、数学、自然科学和哲学,更是不能不提奥马尔·哈伊亚玛、阿尔别鲁尼、阿尔霍拉兹米、伊漠玛·吉尔米兹、扎卡利亚·罗基、佛罗比等人的成就。这些塔吉克民族的骄子与其他人类杰出的天才齐名于世。

正是在塔吉克民族国家巩固时期,"和平共处与友好交往"的原则成为国策,这与塔吉克人民爱好和平的传统精神是一脉相承的。这一民族特性在鲁达基的诗行里得以鲜明地体现:"亲朋好友一相见,世上何喜堪比肩。"

饱受异族侵略、却从未背弃民族信仰的历史经验告诫我们，要始终不渝地坚持友好相处。这也是塔吉克人丰富的精神遗产和文化传统的必然要求。任何情况下我们都不会摒弃民族荣誉与尊严。

公元 11 世纪，突厥人曾妄图征服塔吉克国家，然而他们全盘接受了塔吉克的国家管理体制、民族传统与礼仪，塔吉克语的国语地位也得以保留。整个中亚地区的国家体制也主要是沿袭了萨曼王朝的传统。正如著名的东方学家格尔曼·瓦姆别里所说，塔吉克人尽管被游牧民族统治，但却教化了这些统治者。

成吉思汗命令军队将塔吉克人杀得一个不留，连年迈的老人和不懂事的小孩也不放过。但塔吉克民族面对这样残忍的侵略，依然屹立不倒。我们要牢记这段惨痛的历史。

现在世界上没有任何一个国家只有一个民族。在发达国家里，也生活着许多不同民族，并且他们都热爱自己的祖国。

塔吉克的土地上同样聚居着许多民族：乌兹别克人、吉尔吉斯人、哈萨克人和土库曼人，几个世纪以来他们和塔吉克人同甘共苦。

1924 年，中亚地区成立了乌兹别克苏维埃社会主义共和国、土库曼苏维埃社会主义共和国和乌兹别克管辖下的塔吉克苏维埃社会主义自治共和国等一系列国家。在冲破了种种别有企图的阻挠和形形色色民族主义分子的障碍之后，于 1929 年，世界政治版图上又出现了塔吉克苏维埃社会主义共和国。

这个重要的政治事件，很大程度上是民族自我意识和塔吉克先进知识分子爱国意识高涨的结果。但后来的历史表明，一部分知识分子陷入了迷途。由于政治上的混乱，这部分知识分子脱离了群众，对时局认识不清，所以给人民"帮了倒忙"。一些人士成了泛突厥沙文主义者的帮凶和工具。历史学家很清楚这些事实,我们谈及它是为了再次证明:一些社会人士的不明是非可能造就严重后果,危害人民。将民族和国家的命运当作儿戏,很容易堕入背叛的深渊。

在苏维埃政权统治初期,特别是中亚版图重新划分时期,当敌对势力千方百计阻碍塔吉克苏维埃社会主义共和国成立,并恬不知耻地否定塔吉克语言与文化时,反对沙文主义、捍卫塔吉克民族权利成为塔吉克社会各界的首要任务。

在这种艰难的形势下,对塔吉克民族的确实存在予以科学论证,有着极其重要的历史、政治、社会和文化意义。揭示沙文主义思想的反动本质是塔吉克社会主义文化形成的条件之一。正是出于这样的宗旨,1924—1926 年间,塔吉克报刊刊登了研究塔吉克民族历史、文化、语言、文学的一系列文章。这些文章凝聚着塔吉克优秀知识分子的忘我劳动。

在这一历史时期中,塔吉克新时代民族文学的奠基人 C.艾尼成为民族英雄。艾尼撰写了许多著作,特别是言辞犀利的政论文,给泛突厥民族主义理论以致命的打击,极大地推动了塔吉克人民的民族自觉。艾尼编纂的《塔吉克文学经典》影响深远,意义非凡。

在自己的著作中,艾尼阐述了民族历史、社会、政治、文化和文学的方方面面,用事实有力地证实了塔吉克人是历史悠久、文化繁荣的中亚地区的原住民。他特别强调:"任何人都不能否认伟大的塔吉克民族在中亚,特别是布哈拉和突厥斯坦的历史存在。同样不能否认,塔吉克民族拥有古老的文化和文学。"

让我们来看看历史事实。第一份塔吉克语报纸《布哈拉报》在布哈拉出版;在撒马尔罕发行的杂志《奥伊纳》,部分用塔吉克语出版。革命前和革命后的一段时间,布哈拉和撒马尔罕的中小学课本用的也是塔吉克语。主张在酋长国内实施进步改革的布哈拉青年党人,也用塔吉克语出版了很大一部分作品。

当然,革命前夕,我们人民的政治社会地位已面临危机。正如一位俄罗斯学者所说,在内忧外患、灾难沉重的条件下,"塔吉克人民无法正常生活,只能苟且度日"。塔吉克人民的历史和社会作用被削弱了,塔吉克语从社会生活和国家权力机构中被排挤出去,逐渐丧失了原有的影响和荣耀。拥有这个古老语言与文化的民族对此无能为力,感到绝望。他们明白,一个民族一旦丧失了自己的语言,就会丧失精神支柱,再也不能从民族历史文献和民族文学作品中汲取力量。

这样的历史背景下,十月革命的作用的确功不可没。革命使被压迫的民族重新站了起来。在萨曼帝国沦落了千年之后,塔吉克人再次成立了国家,在世界政治版图上重新获取了一席之地。

革命使塔吉克斯坦获得了自己的领土,并从被压迫下解放出来;塔吉克人民获得了开拓创造的机会和空间。城乡得以发展,民族教育、文化和卫生事业不断进步。同其他加盟共和国一样,塔吉克斯坦成为繁荣的国度。借助兄弟国家、特别是俄罗斯专家的帮助,塔吉克的科学事业在各个领域都取得了显著的成就。塔吉克人的民族自豪感得以加强。

特别值得指出的是,这一时期塔吉克语重获新生,并在一批作家、学者和教育工作者的创造性努力下,不断发展与完善。我国文学与科学领域的成就得到了全世界的公认。塔吉克作家、文学家和学者用实际成果捍卫了民族语言的纯洁与优美,无愧于自己伟大的祖先。

在那个时期,塔吉克斯坦的工农业大踏步发展,各个经济领域都获得了前所未有的成就。南塔吉克地域生产综合体,包括塔吉克炼铝厂、亚湾电力化工厂、瓦赫什氮肥厂等一系列大型企业的出现,极大地推动了整个国民经济的发展。

通过开垦荒地,塔吉克斯坦有计划地扩大灌溉土地面积,现在已达到65万公顷。主要农作物棉花的种植面积占据整个农业用地的40%。原棉产量达到90万吨,其中三分之一为超细纤维棉。粮食作物、土豆、葡萄、柑橘、烟草及其他种类的蔬菜水果开始大面积种植,养蚕业大力发展,各类畜牧业产品产量显著提高。

我国93%的土地为山地,公路是主要的交通方式,因此国家建立之初便非常重视公路建设,将首都与各州各区连接起来。现在塔吉克斯坦共有15000公里的公路,窄轨铁路470公里,宽轨铁路747公里,铁路和公路将塔吉克斯坦与邻国连接起来。

水电是国家电力工业的基础,主要的水电站有努列克水电站、格洛夫水电站、罗贡水电站、巴以帕金水电站和正在建设中的桑格图达水电站。粟特州、巴达赫尚地区也建有大型水电站。

塔吉克斯坦进行了文化革命,在全国范围内已消除文盲。成千上万的中小学、技校,几十所高等院校都为学生们敞开了大门。全国的城市和行政区都成立了职业剧团、民间剧团和各种业余文艺团体。

苏联解体后,苏联加盟共和国,包括塔吉克斯坦在内,陆续获得独立,迎来了新的政治经济时期。各民族获取国家主权的愿望得以实现。未料到,多年的梦想会如此轻而易举地成真。国家主权与政治独立是历史的馈赠,当代人的责任是保护它、巩固它。真正意识到这一点的人,都对独立备感珍惜,忘我劳作,为民众

塔吉克山间木制凉亭

谋福。

很遗憾的是,塔吉克斯坦国内却事与愿违。在获得政治独立后不久,我们的国家便深陷国内战争的泥潭,恢复战争悲剧留给我们的创伤尚需时日。当前的主要任务是实现国家统一,振兴经济,使塔吉克斯坦作为一个主权国家融入国际社会。

这场由敌对势力强加给我们的、手足相残的内战,让每一个真正的爱国者备感痛苦与愤怒。社会的进步力量、正义的人民奋起捍卫自己的权利与国家的尊严。但所谓"民族和解政府"当时陷入危机,并无视国民要求恢复正义的理性的呼声,用暴力手段进行镇压,甚至怂恿不明真相的民众拿起武器,最终将他们推向手足相残的战争。这场内乱的火焰很快就燃烧到国家南部

历史倒影中的塔吉克民族（一）

和首都周围的大部分地区。结果数百栋机关大楼、学校和幼儿园被毁，成片的街区和乡镇沦为废墟。

由于没有法律和刑罚的约束，犯罪浪潮不断高涨。农民多年的劳动果实或被毁坏，或被掠夺。内战给国民经济带来的损失超过 70 亿美元。

国内外的政治冒险家、煽动家、野心家们火上浇油，进一步煽动骨肉相残的战争，使千千万万的母亲失去了儿子，千千万万的难民无家可归、背井离乡。战争给无数无辜落难的孤儿留下难以磨灭的心灵创伤，引起广大人民的内心痛泣。这些令人胆颤的岁月将成为我国民族史册上一个黑色的污点。感谢主，理性和正义最终获得了胜利。1992 年 11 月，在古城胡盏得召开的著名的第十六届最高苏维埃会议，为合法政府的成立与国家政权的恢复奠定了基础。遗憾的是，如上面所说，这些成果是成千上万名爱国志士用鲜血才换来的。此次全会上选举产生了最高苏维埃新一届领导机构，担当了停止内战、恢复塔吉克土地上期待已久的和平等任务。

需要指出的是，在新政府的努力下，这项任务在较短时间内便得以完成。战争的车轮终于停下，尽管一些地区的局势直到现在还很复杂。

最高苏维埃新一届领导机构用两年时间解决了内政和经济上一系列重大问题：重建了执法机构和各部委，极大地改变并完善了国家机关的工作。在历届最高苏维埃大会上，制定并颁布了一整套法律法规，建立国家军队，确定了国家象征（国旗、国徽、国歌等）。绝大多数难民得以重返故土。

塔吉克主权国家是在全民公投通过的宪法基础上行使国家权力的。塔吉克斯坦总统在选举基础上产生，议会选举也是通过民主渠道进行的。

塔吉克斯坦正在落实国家宪法原则,在建设民主、法制的世俗国家的道路上迈进。主权国家塔吉克斯坦如今已被世界117个国家所承认,并且是联合国及其他一系列有影响的国际组织的合法成员,这让每个国民都深感自豪。

塔吉克斯坦总统曾三次在联合国大会的讲台上向全世界介绍本国的真实情况,讲述塔吉克人民的愿望与期待。如今,数十个国家在塔吉克斯坦开设了使领馆,塔吉克斯坦共和国向7个国家派驻了大使,同78个国家建立了外交关系,同75个国家保持着经贸往来,同21个国家签署了友好交往、经济合作和文化交流等领域的条约。

经济改革不断推进,已涉及国民经济的各个重要领域。国家财产的私有化进程顺利展开,涌现出多种所有制形式,民办公司不断发展,截至目前共有240家各种类型的合资企业在财政部注册。其中,有"阿布列申""科波尔纺织公司""法伊卓勃德""泽拉夫尚"等直接从事生产行业的企业。今年4月,塔吉克斯坦被列入《国际货币基金组织备忘录》。

经过细致周密的考虑,我们制定出一系列摆脱经济危机的政策,为制订工业发展长期规划创造了先决条件。我国政府十分关注最大限度地开发能源潜力问题。尽管困难重重,我们坚持继续罗贡水电站和桑格图达水电站的建设。

农业领域也发生了重大变化,有5万公顷土地交给农民使用,这一政策今年已开始发挥效用。现实迫使农业组织和农产企业转变为农场式经营,这方面的工作已全面开展。但我认为,塔吉克斯坦最宝贵的财富是学者、文学家、艺术家等知识界人才,他们秉承伟大先辈的传统,为丰富世界精神宝库而贡献着自

昆达尔

己的力量。

尽管我国遇到很大困难,我们还是保存了这些人才,保护了他们的创造性精神,使得我国知识分子得以积极参与当前国内的良好进程。

根据我国经济改革纲要,2000年前农业生产(特别是粮食生产)和能源供给这两个重要领域,要完全实现自给自足。我们正朝这个目标稳步前进。

社会生活各个领域的民主化进程正全面展开。然而,应该说,目前还有一些势力在竭力干扰这一进程。边境冲突、紧张局势的加剧、恐怖主义活动等严重阻碍塔吉克国家境内完全实现和平与和谐,使我们的长远发展无法得到保障。尽管如此,我们仍然致力于和平解决冲突,达成妥协。如今,每一个以祖国前途为重的爱国者,都应坚持这种立场。

众所周知,塔吉克斯坦共和国政府为了使敌对双方达成和解、保障国家统一、实现和平,付出了巨大努力。为了实现这一目标,我们采取了一系列措施,如:实施大赦,没收民众的武器,停止对一些人的刑事诉讼等。此外,还通过了最高苏维埃会议和后来的马日利斯·奥利(即塔吉克斯坦议会)的其他一些决定,以改善国内政治局势。

我们大家都知道,由于塔吉克斯坦政府能够正确评价一系列事件,政治上保持克制,高瞻远瞩,依靠联合国和其他友好国家的支持,我们成功地防止了国家政变的发生,避免了将塔吉克斯坦再次拖入内战的局面。50多个政党、政治运动和政治组织的代表签署了《社会和解条约》,成为维护领土完整、国家统一和达成相互谅解的重要一步。政府和反对派的谈判也对此产生了积极影响。

现在,国内正要举办庆祝塔吉克斯坦建国五周年的活动以及第三届塔吉克人世界论坛和庆祝塔吉克伟大诗人卡莫力·胡盏迪诞辰675周年等各项活动。

我们高度重视所有这些庆祝活动,因为这充分证明,独立的塔吉克斯坦已坚定不移地踏上了自己所选择的道路。我们是先辈们文化遗产的忠实守护者,塔吉克人向来渴望与境外侨胞,以及所有承认我们独立并愿意同我们合作的人们友好相处,共同进步。

我们清醒地认识到,只有每个公民都能懂得,应该奋力捍卫我们来之不易的自由,我们才能过上有尊严的生活。我们应该感到自豪的是,世界历史长河里倒映着塔吉克民族自古以来的优秀品质:智慧、勤劳、善良、坚忍、热爱创造、渴望美丽、忠于友情。我相信,不久的将来我们定能消除所有的内部分歧,使骨肉、手足相残的悲剧不再上演。

毫无疑问的是,理智和对统一国家的热爱必将占据上风,兄弟之间必将敞开怀抱,和睦与共。我们大家定会同声吟诵:

我们处处寻友谊,

和平幸福是真谛。

塔吉克民族的今昔

这几天，我们举国上下同庆建国五周年。这是历史上不平凡的五年，我们的人民要为国家体制、民族统一和民族认同等寻找新的基础。我们艰难的经历极大地动摇了六百万人口生活的根基，甚至促使一些人开始怀疑塔吉克人并非历史上早已存在的一个民族，而是布尔什维克所臆造的概念。

这样的说法其实早就存在。不仅如此，几千年来，塔吉克民族的存在就一直遭遇形形色色势力的怀疑。

但最值得庆幸的是，民族的天赋是不能扼杀的，这种天赋就像凤凰涅槃一样，不断重现并极大地充实着一个民族的创造力，在极其艰难的条件下反复显现。一千年前政治独立和国家主权的丧失，并不能将塔吉克民族从中亚地区的历史中抹杀。各族人民共筑的星河上，也闪烁着我们民族的骄傲之星：鲁达基、阿维森纳、菲尔多西、哈菲兹、萨阿吉等。难以想象人类文明史上会缺少这些名字。

古埃及人名留青史，首先得益于他们建筑史上的丰碑——金字塔和精美的雕塑艺术；此外，古埃及的莎草纸给人类保留了丰富的编年史资料。阿拉伯人创造了全新的精神财富，古犹太人也为世人留下智慧的经典《旧约》。基督教文化用觉悟、信念、道德和精神财富丰富了整个中世纪，大大推动了当代科学技术的迅速腾飞，并催生了我们一向称之为民主文明的全新理念。

塔吉克人则推出凝聚了祖先智慧与崇高品德的诗作,攀登上了人类创作道路上的顶峰。

不论世界民族历史中有着怎样的辉煌、没落和曲折,我们回首过去时,可以自信地说,塔吉克民族的历史是汇聚成人类丰富多彩的文化大河的一条宽广的支流。

塔吉克人是古雅利安人的后裔,是世界最古老的民族之一,几个世纪以来一直居住在中亚。塔吉克人同伊朗民族的共同特征并非产生在古代,而是在塔吉克人同伊朗人错综复杂的历史交往中形成的。尽管如此,这两个民族从来就是一棵参天大树上的两根枝杈。

塔吉克人随后便形成一个独立的民族。我们知道,任何确立都意味着突破:不但要突破民族自身意识中的一些历史遗产、特别是阻碍发展的那部分意识,还要抵抗妨碍独立民族形成、甚至妄图将其扼杀在摇篮里的外部势力。

这些外部势力对于塔吉克民族来说,表现得尤为残酷。历史的长河里时时溢满了塔吉克儿女的鲜血,他们为保留民族文化和获取自由而献出了自己的生命。但我们这个民族用自己的语言和文化的魅力有力地回击了残酷的入侵:被征服的民族用自己的文化反过来征服了统治者。

一千年来,我们未能建立民族国家,但是这一千年来,许多中亚大帝国的国语都是塔吉克-波斯语。

塔吉克人的政治历史和文化表明,这个民族从来没有树立过全民族公敌的形象,远离暴力的古老观念一直主导着我国民族的品性。

我们永远不会忘记,先辈们猛烈抗击亚历山大大帝侵略的历史。虽时过境迁,但这位传奇般的卓越统帅的名字已被全人类所铭记。多年以后,塔吉克族又遭受了阿拉伯人的入侵,随着时光流逝,许多塔吉克人开始为自己拥有阿拉伯名门的血统而自豪。同突厥人的战争并没有使他们成为我们的宿敌。特别是乌兹别克、吉尔吉斯等民族同塔吉克人建立了血缘关系,传统习俗也极大地趋同。如今,这些民族中如果有谁将其他任何一个民族当作自己的敌人,那就如同犯罪,无法向后人交代。

一百五十年前,俄罗斯究竟是占领了中亚还是合并了中亚,这种争论已经成为过去。但是,不得不明确下一点:

在广袤的欧亚大地上,一个个帝国兴衰相替,战火频燃,人民饱受苦难。但历史的智慧及其深邃的内涵还是令人产生希望与乐观:不难发现,经历战乱与苦难的欧亚各族人民越来越感受到一种兄弟般的亲情。崇尚理性、远离暴力、相互宽容、相互帮助,这是社会结构和政治体制的崩溃所不能摧毁的宝贵财富。这也是塔吉克斯坦人民同俄罗斯人民在各领域保持紧密联系的一个原因。

当然,这并不意味着,所有来自外部的东西,我国民族都很好地接受了。假如这样说,就成了对成千上万伟大同胞历史功绩的遗忘,忘记了他们如何在艰难困苦中抵御外侮,但并不与人结怨。我们的民族保持自我认同,捍卫了自己的语言与文化,如今又正在努力实现民族复兴。

谈到最近一个世纪塔吉克人的历史,其中有一个特性是我们不能不提及的。

应该承认,20世纪中,重大事件连连发生,发明创造频繁出现,是人类史册上最为壮阔的一页。塔吉克人民同其他民族一道组成一个统一的国家,实现了巨大的社会进步。当时,各族人民和睦相处,经济文化紧密相连,思维方式比较接近,科学、医疗卫生和教育领域共同发展。

共同的发展趋势将塔吉克斯坦、俄罗斯、中亚各国和其他独联体国家的地缘政治利益联结在一起。

20世纪末世界又发生了新的变化。塔吉克斯坦也经历了重大变迁，但这种变迁却引发了内战。今天，时而会有人指责塔吉克人过于尊崇历史人物和古老的道德传统，而缺少现代政治文明，使本民族走向了悲剧。这莫非是历史与文化的一种悖论？

确实，我们的民族长期以来建立了以"远离暴力"为核心的崇高道德传统，而后则似乎自行抛弃了这些传统，陷入了内乱，这只能令人愕然。

对此是可以找到解释的。从本质上说，世上没有野蛮的民族，任何一个民族的文化都是独一无二的，都对人类文明有着永恒的意义。但有时会出现新的情况，使一个民族在原有文化传统基础上不得不重新吸收新的世界观。塔吉克斯坦所发生的正是这种情况。20世纪90年代初，多元化概念闯入我们的生活，且来势迅猛，使我国社会难以立即掌握，并纳入本族文化之中。况且，这一进程发生在整个国家实际上陷于崩溃的背景下。

就我们来看，我国文化对民主的特殊理解是特别值得研究的。事实上，民主是建立在一个"不"字基础上的。民主体制早已形成的国家里，"不"字不会造成破坏，不会让人威信扫地，也不是表达不敬。但东方世界里，父权至上，毛拉和族长受到氏族的尊崇，是一个崇尚权力的社会。对父辈说"不"，意味着对长辈的不敬。"不"字会颠覆社会中一切正常的人际关系和道德规范。在塔吉克斯坦发生的恰恰是这种情况：西方民主社会所接受的特有模式，转瞬间便移植到我们社会。"拒绝照搬"或"部分接受"的多元化原则不应该给社会带来破坏。我们所赞成的多元化应该有利于塔吉克斯坦国家统一、有利于不同政治信仰的人们和睦相处。

况且,除了全面接受多元化,我们别无选择。为此,我想强调多元化概念对我国的重要含义。

生命正是凭借多元化的原则而存在的。如果没有存在方式的多样化,那么地球生命本身就不会延续。试图用一成不变的公式框定所有社会现象,只会削弱民族的生命力。如今,我们国家正从以前一元化政治、经济和文化枷锁中挣脱出来。

可以说,过去五年中,我们奠定并切实发展了由宪法保障的政治多元化。通过现阶段的经济改革,所有制形式多元化的方针也得到贯彻。在文化领域中,我们鼓励创造丰富多彩的精神生活。这一切归根结底也就是民主化的方针。

国内已注册成立了八个政党,其中大部分党派都积极参与社会生活。但是我们清楚地意识到,只有彻底解决塔吉克民族冲突和吸取历史政治教训,全面的政治多元化才有可能实现。

政治多元化还表现为,各个政党和政治力量为实现各自的主张,在法律框架内公开展开角逐。国家政权只有一个,也就是说,所有渴望获取政权的政治力量难免要进行争夺。这是任何一个民主社会的特有标志。但真正意义上的民主力量,即便想将反对派推出政治舞台,也不会采用战争等违反宪法的暴力方式。

有什么因素能使民主社会的政治力量在法律范围内保持平衡?首先要有两个牵制因素。第一个因素是遵循不使用武力原则的政治文化传统和公民社会的存在;第二个因素是建设强大的国家,防止党派间的暴力冲突。

但我们国家是什么情况呢?所谓的反对派并不打算放弃武

力,也不想采取和平的政治斗争方式。

反对派并不喜欢全民通过的法律。好,就算如此,那他们为什么不利用现存宪法,去按照自己的想法改变现有法律呢? 法律是可以改变的,但首先要遵法守法,这是最基本的民主原则。反对派究竟为什么不愿用和平方式来获取大多数民众的拥戴,从而实现自己的政治主张呢? 反对派们顾不上思考这个问题,他们的支持者已经急不可待,巴不得再次拿起武器。

面对强加给我们的武装冲突,我们仍然努力建立国内公民社会的基础。因此,塔吉克斯坦国内,除了若干政党以外,还注册成立了200多个非政府组织。

不久前,国家总统,马日利斯·奥利(塔吉克斯坦议会)主席,各政党、民族文化团体、文艺协会、宗教和社会团体的领导人共同制定和签署的《塔吉克斯坦社会和解条约》,具有十分重要的意义。

人,不仅仅承担着过去与现实的重担,还背负着对未来的憧憬与企盼。

尽管我们之间存有较大的分歧,但这份文件的签署还是体现了各方共同的愿望,那就是要留给后代一个和平相处、真正民主的社会。这是探索如何实现政治多样化的一次并不容易的尝试。如果我们今后能够达成和解,那么就一定能让战乱和暴行退却消失,如同绿洲的扩大定会促使荒漠的消退。尽管一些反对派宣称战争会持续30年,我们仍坚信塔吉克民族的内部冲突定能通过政治途径得到彻底解决。

民主原则中也包括建立世俗制国家的原则。通过了解历史的循环往复,我们在民主的价值观念中找到了使人民脱离苦难与绝望的有效途径。最近五年来,我们在实现真正意义上的民主方面所取得的最主要成就,便是建立起了世俗制国家。

正是得益于这样的国家体制,拥有不同信仰、甚至信仰互不相容的人们才能在一个国家内和睦相处、友好互助。当然,我指的是拥有理性的绝大多数塔吉克斯坦人民,不包括那些挑起武装冲突的激进主义分子和狂热的极端主义团伙。

有些人无端指责我们国家信仰无神论。没有比这种指责更为荒谬的了。当我们宣告成立世俗国家以后,我们曾特别强调,国家对任何形式的信仰与意识形态都保持中立。

尽管我们的信仰历经矛盾与曲折,我国人民一直是伊斯兰世界的一员。但伊斯兰世界是复杂多样的,而且应该强调的是,正是由于其多样化,伊斯兰世界才得以生存并不断发展。人与国家,相互间不可能一模一样。国家间的差异取决于一个国家的地理位置、周边环境和相关的历史进程。我们并不要求别的国家去模仿我们,但我们也反对别的国家用破坏民主的暴力方式将我们同化,强加给我们令人不能接受的意识形态和社会模式。

塔吉克斯坦已经放弃了过去几十年的无神主义官方意识形态。不能认为,这是伊斯兰激进主义的功劳。我们国家的世俗化是塔吉克斯坦乃至整个中亚地区融入世界发展趋势的结果,是一种自相矛盾的复杂进程。

我们已经摒弃了一种激进主义模式,也绝不会采取另一种激进主义,即政教合一的政治体制。我们是世俗制国家,无论是无神论,还是信仰宗教,或是其他类型的意识形态都不允许通过控制政权来行使社会权力。世俗制国家对所有信仰都保持中立,永远不会允许激进主义式的一元化,不管是来自宗教的一元化,还是意识形态的一元化。这种方针是出自我国民主主义体制和我们所面临的极端主义威胁,这是对民主社会基础的维护。这些由宪法公开制定的社会生活准则,毫无疑问是我国独立自主的成果。

特别要指出的是,尽管我们采取了这样的国家模式,但我们向来尊重其他民族对本国制度的选择。我们重视的不是一个国家的体制,而是这个国家能否同任何政治制度的国家友好交往。

许多独联体国家的周边都是国家体制及国内政治进程同自己十分相似的国家。但对于独联体南部地区,包括塔吉克斯坦在内来说,却并非如此。

虽然我们同独联体其他各国一样是世俗制国家,但与我们南方邻国的政治体制却大不相同。我国所推行的政策并不构成建立睦邻友好关系的障碍。尽管我国与一些邻国之间有历史上形成的差异,但我们仍努力发展国家间互利共赢的经济、文化交往,从而维护地区安全与和平。

与此同时,我们必须承认,与塔吉克斯坦西南部相邻的一些国家是国际伊斯兰极端主义势力极为活跃的地区,他们违抗本国政府的意愿,不断试图改变塔吉克斯坦的国体和内外政策。更准确地说,塔吉克斯坦的内部冲突不仅是国内冲突,还带有国际冲突的特点。这些极端主义势力利用塔吉克斯坦国内反对派,向他们提供人力物力和资金方面的支持,妄图破坏塔吉克斯坦国内的稳定局面,从而达到蓄谋已久的政治目的。

在这种情况下,我们得到了俄罗斯联邦、中亚各国乃至所有独联体国家的大力援助,这些宝贵的援助使我们不再独自面对极端势力的武装威胁。

民主国家拥有实现民主的重要条件,即各种政治势力在法律框架内的争斗不会影响国家统一与民族团结。然而,当一些外部势力试图利用国内形势改变国际政治格局,从而改变国际力量的对比时,会有造成国家分裂的威胁,同时也为实现民主原则带来了困难,此时全国人民不得不首先奋起捍卫国家的统一。

上述这些情况部分发生在塔吉克斯坦。独立以来的五年是艰难曲折的,但我们在维护民族团结与国家统一方面已取得一定的成果。

我们深信,这些成就得益于我们同俄罗斯联邦及其他独联体国家的紧密联系。这再次表明,独立不是凭空获得的。

国家的独立始于他国的承认,其后是各个国家在自觉自愿的基础上重新认识和加强相互关系。

如今,共有 117 个国家承认了独立的塔吉克斯坦国家,其中 78 个国家同我国建立了外交关系。我国是各种国际和地区性组织的成员,是各种国际及地区化进程的参与者,也是各种双边和多边关系的缔结者。独立后的五年来,我们继续发展同欧亚大陆乃至整个国际社会的长期关系。

飘扬在联合国总部大楼前的塔吉克斯坦国旗,正是这些关系的象征。塔吉克斯坦国内流血冲突所造成的伤痛得到了国际社会的同情:联合国、俄罗斯及中亚各国、独联体、欧洲安全与合作组织、伊斯兰会议组织、中东国家、中国、远东国家等都向我们伸出了援助之手。

如今,塔吉克斯坦已经参与到维护欧洲安全的进程中,成为欧洲安全与合作组织的一员。我们积极加入欧洲安全与合作组织,并不是屈从欧洲中心主义,也不是贫穷国家对富裕国家的钦慕与巴结。

欧洲国家给予我们必要的支持,并且从未损害我们国家的尊严;我们在接受援助时,也采取不卑不亢的立场。

经过集权主义的长期统治之后,即便受到民主国家的强烈影响,也不能一日之内实现民主。我认为,欧洲各国人民今天如此珍惜民主的价值有一个重要原因,那就是他们不希望看到以极端主义为祸根的世界大战的悲剧再次重演。他们对极端主义和激进主义已经产生了免疫力。这种势力死灰复燃的危险一旦出现,就会马上牵动民主防卫机制的运行。这方面值得我国学习。我们国家与欧洲民主国家虽然有很大的区别,但也有一些相同的地方,那就是悲剧带给我们的痛苦和不愿让这种悲剧重演的渴望。

塔吉克斯坦人民本身的共同愿望,就是不让内乱的战火重燃。绝大多数吃尽苦头的民众已能敏锐地察觉,哪里有引发灾难的苗头。不久前,正是这种审慎与理智使我们在对峙出现之初就避免了流血事件的发生;这种审慎与理智同样还可以预防极易引发战争的极端主义。我们的任务是,从自身悲剧中吸取教训,为维护塔吉克民族团结寻觅良方、建立预防机制以抗击各种形式的极端激进主义。当然,目前流血冲突仍在持续,实现这样的目标并非易事,但我们会尽一切努力清除社会中的极端主义心理与现实基础。

欧洲各国和欧洲安全与合作组织的经验,在这方面对我们无疑有着重要意义。我们把欧洲看作是一个庞大的实验室,在这里,各国人民通过巨大的努力,成功消除了极端激进主义心理因素,掌握了建立民主体制的理论与实践规律。获得独立的塔吉克斯坦可以同拥有民主建设丰富经验的国家进行直接交流。独立后的五年来,塔吉克斯坦与欧洲安全与合作组织的交往不断密切。

在地区组织中,对塔吉克斯坦有着极其重要意义的是独立国家联合体。塔吉克斯坦能否实现国内稳定与和解,在很大程度上取决于俄罗斯联邦、中亚各国及其他独联体国家的帮助。

这些国家在我们印象中就像"欧亚之脊"。背靠这座山脊的塔吉克斯坦正在捍卫数百年来形成的地缘政治环境。由于种种原因,我们的国家不幸成了"文明的断谷",即世俗国家同宗教极端主义国家流血冲突的战场。宗教极端主义势力希望扩大自己的地缘政治范围,而在塔吉克斯坦顽固的反对派也与此相呼应。

如果将这一地缘政治边界说成是俄罗斯势力范围的边界,那就未免过于简单化了。实际上,独联体、中亚、塔吉克斯坦等,都是并未随旧体制解体而一同消亡的社会政治体,需要竭力防止再次发生(就像20世纪初那样的)急剧变革,再次引发动荡与劫难。

当然,拒绝急剧变革并不意味着要保留旧制度的残余,但任何改革都不应妨碍人民的平安生活。反对派们在1991至1992年已经进行过激进主义试验,我们大家都知道其结果是把国家推进了内战的深渊。

面对读者,我想特别强调:我们有足够的决心进行社会变革,建设民主法治国家。即便我们不会立竿见影,而是需要经过较长时间方能奏效,但我们最珍惜的是和平,所以决不会放弃与武装起来的反对派谋求政治解决的努力。

应当承认,在短短的五年间,塔吉克斯坦所取得的成就是显著的。1992年11月,在我国古城胡盏得召开了闻名海外的第十六届最高苏维埃会议,为成立新的塔吉克斯坦合法政府和国家机构奠定了基础。此外,还选举产生了新的领导机构,承担了停止内战、恢复塔吉克土地上期待已久的和平的任务。重建了执法机构和各部委,改变和完善了国家机关的工作;建立了国家军队和边防军。全民公投通过的新宪法，为社会生活各领域的多元化打下根基。在人民自由表达意愿的基础上选举产生了新的国家总统。根据经济改革纲要，2000年前我国将要在农业生产和能源供给这两个重要领域中完全实现自给自足。我们还通过了一系列经济改革纲要。现在，很大一部分土地已分给农村劳动者，标志着农业改革的开始。今年国内粮食生产大幅提高。现已采取措施，将农产企业和组织改造为农场式经营。此外，还发行了国家货币，其汇率已经连续几个月保持稳定。

塔吉克木雕装饰板

国际货币基金组织肯定了我国领导的努力，并向我国提供了贷款。

内战给国家造成了合计有70亿美元的巨大损失，现在首要任务是恢复受战争破坏的国民经济。与此同时，私有化进程已经启动，我们希望，这项新举措很快会带来成效。

我们最主要的成就应属同俄罗斯联邦签订的一系列协议，

俄罗斯现已成为塔吉克斯坦在工业、采矿业、能源及其他领域的主要合作伙伴。同中亚国家的联系也得到加强。这一切仅仅是我国一系列措施的简要罗列。

塔吉克斯坦正准备迎接国家生活中的三件大事：建国五周年、第三届塔吉克人世界论坛和塔吉克伟大诗人卡莫力·胡盏迪诞辰 675 周年。这些庆贺活动表明：不论战争冲突带给我们的苦难有多么深重，陷入危机的国家经济形势有多么严峻，我们都不会放弃对美好未来的憧憬，并毅然决心争取自立于世界民族之林，齐心协力去开创人民应有的幸福生活。

我们明白，让饱受苦难的人民去相信这些目标会实现，将是多么不易的事情。但是艰难困苦中总会产生希望，希望又会鼓舞人们去完成最艰巨的任务。

塔吉克人的黄金时代

尊敬的独联体国家的代表们、尊敬的圣彼得堡市政府、学术界与文艺界的代表们、亲爱的朋友们：

首先，请允许我向独联体跨国议会大会、议会主席叶戈尔·谢苗诺维奇·斯特罗耶夫、大会参与国的代表，以及圣彼得堡市政府致以诚挚的感谢。由于你们的大力支持，今天我们有幸相聚于此，举办国际学术会议，共同庆祝萨曼王朝繁荣的文化与艺术诞生 1100 周年。

尊敬的与会代表们！

许多民族都有将古代视为自己历史上的黄金时代的认识。这种认识使神话经常和现实交织，而科学的任务就是将两者区分开来。

塔吉克族的黄金时代和萨曼王朝密不可分。这个朝代以在科学、艺术、文学、文化、政治领域里涌现出大批的优秀民间创作而著称。但是在这一黄金时代里，塔吉克人的神话却落后于现实，落后于真正能体现民族复兴伊始的科学。

提到萨曼王朝，应该指出，这是塔吉克民族重组后的民族复兴时期。东伊朗民族的崛起和塔吉克民族的出现，同时成为中东文艺复兴的起源。在提到我们戏剧性的历史和现代生活时，我们有必要谈谈塔吉克民族和文化复兴。

20 世纪优秀的东方学家尼古拉·孔拉德院士对此有过公

允的评价。他说：文艺复兴的进程不仅限于欧洲，而是包含了所有民族的伟大文明，体现着历史发展的共性与规律性。

正因如此，我们才能理解菲尔多西《列王纪》里的深邃思想。他将目光转投向遥远的古代，以史为鉴，忆古思今。

存在有这样一种观点，认为民族虽然经历了不同的、甚至有时是矛盾的历史发展进程，但并没有失去自身的独特性。

有一段时期，民族内部联系由于历史事件和条件的原因而被削弱，但到了"黄金时期"，民族则会找回作为整体的凝聚力。

这个一体化过程的开始，以及现代塔吉克民族的形成均源于萨曼王朝时期。

这一时期的精神文化发展对后世产生深远影响，为塔吉克民族文化的进一步繁荣奠定了基础。

正是在萨曼王朝时期，统治者将琐罗亚斯德教奉为经典的《阿维斯陀》(又称《波斯古经》)翻译成了东波斯语，对大量古代波斯民族的历史、哲学、文学、艺术、民间神话和英雄史诗的搜集与传播，成为现代塔吉克语的滥觞。

中亚的一些城市变成了文化生活中心，如布哈拉、撒马尔罕、木鹿(今土库曼斯坦马鲁)、胡盏得、赫拉特、巴尔赫。在时间的长河中，它们在塔吉克民族初始的统一进程中发挥了显著作用，并成为塔吉克文化传播的主要源泉。

这些城市即使在今天仍具有文化历史意义，是珍贵的遗产，它们均存续于塔吉克民族的文化、语言、历史和现代生活之中。

现代的塔吉克斯坦已无法与古代的塔吉克斯坦同日而语。只有目光短浅的人才会混淆这两个概念、这两种现实。

萨曼王朝覆盖了呼罗珊地区，是塔吉克斯坦历史的一部分。我们对历史的追忆并不意味着要企图恢复历史上古老塔吉克斯坦的政治版图。只有那些别有用心的人才会将这些强加在我们的身上。

中亚的所有民族无论在地理还是文化层面上都密不可分。伴随着文明史的进程,这一个或另一个民族,在这一个或另一个时期扮演过主要的政治角色。在萨曼王朝时期塔吉克民族亦曾发挥过重要的政治作用,对整个中亚具有永恒的文化意义。

经过领土的确立和其他的历史进程,最终形成了现代意义上的塔吉克民族。这一切整体上均与萨曼王国相关。受惠于一系列历史事件,公元9—10世纪,萨曼王国走向了历史舞台。此后,萨曼王国成为形成东方乃至世界历史与文明的重要因素。

萨曼王国为居民创造了稳定的生活劳动条件,在丝绸之路存续期间,促进了远近各国与民族间的互惠合作,特别在贸易、商品交换、文化交流等领域,使塔吉克民族登上世界文明的舞台。

历史将萨曼王国和伊斯玛仪乐·伊布·阿赫马德·索莫尼这个名字联系在了一起。他是活跃在公元9世纪70年代的一位极富学识和远见的政治家。他清除了内讧,保障了国家的内外安全。

由此看来,建立国家的集权制政权曾是塔吉克在国家初创时,乃至相隔千百年后各个时期的关键任务。

政权的崩溃、社会的集权制遭到破坏最终导致了萨曼王国的解体。学者们倾向于将这一时期的社会称作有限多元化和多种信仰共存的社会。

20世纪90年代的塔吉克斯坦内战时期,这一关键问题再次变得十分尖锐。当时国家在法律基础上统一掌管政权的局面遭到破坏,各式各样的武装力量集团开始以非法途径获取权力,滥用暴力,使我国社会卷入了内战的深渊。

然而,与此相反的,推动和平进程的努力曾经给予了、并仍在给予重建现代塔吉克国家的可能。

在 9 至 10 世纪,萨曼王朝对国家集权制政权的建立起了决定性作用。在塔吉克民族的历史中,这与在俄罗斯建立国家集权制政权有着同样的意义。这是许多重大历史进程中必不可少的一步。

首先,塔吉克漫长的民族统一进程得以基本完成。其中,使用共同塔吉克语的部族和他们构建的领土在这一进程中发挥了主要作用。

最终,塔吉克的文学语言得以形成并广泛传播。学者们认为,共同语言是衡量一个国家社会一体化水平的标志之一。

第一个中央集权国家的形成使塔吉克民族摆脱了外族的阿拉伯哈里发的统治,为国家经济与文化的独立发展提供了保证。

于是,在长期没有外族入侵和破坏的有利条件下,塔吉克民族获得了自由发挥自己卓越的创造潜力的可能,不仅将过去的传统与现在和未来衔接起来,而且还成为东西方交往的纽带和桥梁。

如史实证明的那样,在文艺复兴传统的基础上建立起来的萨曼王国,在经济、文化、科学、社会生活各个方面的成就达到了空前的高度,抵御了蛮族的入侵,保障了农民和手工业者的劳动成果。萨曼王朝时期也为涌现大批富于创造性的杰出人才提供了条件,其中最著名的人物为:穆哈马德·阿尔·花剌子模、阿布纳塞尔·阿尔·法拉毕、扎卡里亚·阿拉齐、伊本·西那(阿维森纳)、阿布雷汗·阿尔·毕鲁尼,和一些拥有世界声誉的文学大师,如:阿布·阿卜杜拉·鲁达基、阿布·曼苏尔·达季基、阿布尔科西姆·菲尔多西等。

这些伟人代表了公元 11 至 15 世纪的中东文艺复兴。尽管战火燃遍了这片旧大陆,历史上存在时间并不算长的萨曼王朝所开创的新文明,还是强劲地发展了起来。

萨曼王朝这颗灿烂的流星,曾继续照亮了后世数百年的夜空。

在中世纪以及今后的几百年里,许多上述的思想家、文化活动家,同时获得了东西方的高度认可。

在整整 500 年间,伊本·西那(阿维森纳)的《医典》一直被西方医学界视为权威著作。它涵盖了盖伦、希波克拉底(古希腊著名医生、欧洲医学奠基人)的研究成果,并将中亚、波斯、印度、阿拉伯、希腊的医学精髓收入其中。

我们再次看到,暴力无法统一国家,无法将东西方联系起来。在萨曼王国时代成为可能的历史条件下,只有和平的创作力才能做到这一点。

这是精神交流的丝绸之路。正是在这一时期创立了阿尔·花剌子模的代数,扎卡里亚·阿拉齐的大量作品亦得以问世。

学者们一致认为,文艺复兴时期的特征是人文主义,肯定人的价值,意识到人可以按照理智思维;伟大人物的思想冲破了封建主义和神权的束缚,理智从教条中被解放了出来。

就这个意义而言,萨曼王朝作为中东文艺复兴的开端,不仅对于塔吉克民族,也对更广泛的文化历史空间,同样具有重要的人道主义意义。

另一方面——这一点,或许存在争议——也应当指出。

20 世纪 90 年代末至 21 世纪初,塔吉克斯坦在第三个千年开始之际经历了自己的第二次复兴。

第二次复兴的首要成就是处于国难当头之时,塔吉克斯坦却于 2000 年赢得了自己的政治主权。

换句话说,理智又重新成为塔吉克斯坦现代生活中的基本准则,并从意识形态的教条里解脱了出来。20 世纪 90 年代错综复杂的国际环境给塔吉克斯坦的局势带来了巨大影响。一方面,伊斯兰教势力及其相应的各思想流派;另一方面,所谓的后共产主义的残余及其传统体制,均加剧了国内政局的复杂性。若要建立和平,需要采取灵活的政策。

如果塔吉克各方继续恪守代表各种利益集团的定式,那么塔吉克斯坦的和平是无法实现的。

应当说,我们选择了自己的前途。拒绝了外部强加给我们的习惯模式,去寻找塔吉克斯坦自己独特的,与众不同的发展道路。上文提到的那些样板和模式,都是从别国复制而来的。而生搬硬套,盲目地一味模仿,只会让我们离预期的效果越走越远。

需要一次又一次地重复那个用惨痛教训换来的真理:我们不要求别人和我们相像,但也不允许别人要求我们和他们相像。

那些被他人强加了发展模式的国家,通常是在发生流血冲突,乃至战争。

惨痛的教训使得塔吉克斯坦的所有健康力量均坚信,只有建立不同价值观共存的世俗国家,允许宗教信仰自由、才能实现真正的和平。同时,我们也清楚,任何一种意识形态都不应当占据主导地位。国家会尽一切力量根除打着信仰和意识形态的幌子宣扬战争的极端主义。

面对那些普遍熟知的道理,每个国家只有通过自己的发展,才能深谙其中的真谛。

对我们而言,理解今天的民主与和平的根本准则,是在我国实施民主思想的关键:任何人都没有权力将自己的生活方式、思想和行为强加给别人。只有遵循民主的法律,符合人类价值观的准则,才会具有真正的生命力。

可以说,萨曼王国时期在一定程度上实现了有限的社会多元化。一国之内曾同时生活着许多不同宗教和流派的代表,却不妨碍萨曼王朝成为一个集权制的统一国家。我们也相信,意识形态的多元化不会成为现代塔吉克斯坦巩固统一的障碍。

人们过去认为,国家的稳定完全取决于占统治地位的单一意识形态。而今天我们的认识却已经与之相反,即:在多元化时代,我们不需要寻找到新的动力来实现社会的统一。

准备并庆祝萨曼王朝繁荣文化和国家诞生 1100 周年的庆典,是有利于全民团结的大事。我们的人民拥有无穷无尽的资源和潜能,应当为其提供机遇,让它展示自己无限的创造力。

庆祝活动的准备工作空前地提高了我们的社会水平。这一庆祝活动不仅仅是个表示对历史尊重的日子,也是民族自觉的体现。

当公元 18 至 19 世纪的俄罗斯历史学家卡拉姆津出版了自己的著作《俄国历史》时,据当时记载:"全城是万人空巷,所有人都在争相阅读"。或许你会对卡拉姆津的一些结论有自己的见解,但不可否认的是,他的著作强有力地推动了俄罗斯的民族自觉。

对塔吉克的民族自觉起重要作用的作家有:萨德里丁·艾尼和巴巴疆·加富罗夫。这些名字你们都已熟知。他们和其他的文学家、政治家一起为国家与人民未来的主权独立打下了坚实的基础。当我们将目光投向国家的起源、中东文艺复兴的开端时,目的就是要增强我们国家现在与将来的凝聚力。

亲爱的朋友们!

今天我们能有机会相聚于此,共同庆祝萨曼王朝文化和艺术繁荣1100周年,这要感谢俄罗斯学者在研究萨曼王朝历史和整个塔吉克民族历史时所作出的无私贡献。我们塔吉克人会永远铭记那一个个如雷贯耳的名字:瓦西里·弗拉基米尔维奇·巴尔托尔德、米哈伊尔·斯捷潘诺维奇·安德烈耶夫、亚历山大·亚历山大罗维奇·谢苗诺夫,亚历山大·尤里耶维奇·雅库伯夫斯基,亚历山大·巴甫洛维奇·奥克拉德尼科夫、叶夫根尼·爱德华多维奇·别尔特尔斯、米哈伊尔·米哈伊洛维奇·基亚科诺夫、约瑟夫·萨姆伊洛维奇·布拉津斯基等。他们的科学活动对研究和宣传塔吉克民族的历史起到了重要作用。

作为真正的学者,他们尊重历史,秉着客观严谨、坚持原则和严肃的态度对待我们的过去。他们认为追寻真理、忘我劳动,是学者的使命,这永远高于根据时局做出的、目光短浅的政治揣测。

他们以严肃治史的态度,对曾经出现的那些违反事实、人为加工过的纲要、条例、指令予以了坚决的抨击。对他们而言,重要的是还原历史事实与真相,而不是争抢头衔、奖金和荣誉。

虽然有过苏联的解体、学术联系的中断和经济上的困难,俄罗斯学者们仍秉承东方学研究学派的传统,对塔吉克民族的历史进行了认真的研究。

今天我怀着无比骄傲和感激的心情举出这些杰出学者的名字:鲍里斯·阿纳托利耶维奇·利特文斯基、叶莲娜·阿布拉莫夫娜·达维多维奇、瓦基姆·亚历山大罗维奇·拉诺夫、鲍里斯·伊里伊奇·马尔沙克、鲍里斯·雅科夫列维奇·斯塔维斯基、弗拉基米尔·阿罗诺维奇·利夫西茨、伊万·米哈伊洛维奇·斯杰布林-卡门斯基等。

衷心地感谢他们。在这些学者的不懈努力之下，六卷本的《塔吉克民族历史》第一卷已初步完成，并已译成俄语。我相信，并且希望，在他们的帮助和参与下，余下的几卷也会相继问世。

最后，请允许我代表整个塔吉克民族，代表全国人民，向他们表示最诚挚的谢意。谢谢！

敬爱的朋友们！

在结束这次介绍萨曼王朝对人类文化贡献的报告时，我想再次强调，我国祖先丰富多彩、极有价值的文化遗产早已成为世界文化不可分割的组成部分。

每一个民族、每一种文化对世界文明的贡献，本身就是最好的"律师"，比学界或政界人士出面辩护说理更有力。塔吉克民族完全有自豪的权利，因为其民族国家萨曼王朝的文化遗产一直受到全世界人民的重视和承认。

我希望与会者会同意我以下观点：

第一，尽管苏联已解体，历史之路遇到了一些曲折，但我们决不应忘记我们各国人民的历史，不应淡化我们之间的友好合作和国家关系。大江之水起源于雪山，百河千川汇于大江，再也无法分离。我们各国人民也是如此。

第二，萨曼王朝的文化艺术是中亚各国、哈萨克斯坦乃至近东各国人民的共同遗产，是人类文明宝库中的瑰宝。我们塔吉克人对此有清晰的认识。

因此，我们完全有理由认为，庆贺萨曼王朝文化艺术1100周年的活动是独联体各国人民共同的重大节日。

亲爱的朋友们!

我谨代表塔吉克人民,并以我个人的名义邀请各位于今年9月前来塔吉克斯坦参加节日活动。我向大家保证,各位都是我们深受欢迎的嘉宾。

祝各位健康幸福!

谢谢大家。